大阪市会議員 川嶋広稔（かわしまひろとし）の

とことん真面目に大阪都構想の「真実」を語る！

川嶋 広稔

（大阪市会議員）

JN119441

公人の友社

目 次

はじめに

　いよいよ2020年秋には大阪都構想、いわゆる大阪市を廃止し、特別区を設置するための2度目の住民投票が実施されようとしています。大阪都構想に賛成であるとか、反対であるとか以前に、現在もコロナ禍は終息しておらず、大阪市民のみなさんが正しい情報に触れ、じっくりと考え、後悔のない判断ができる状況ではない中で、住民投票が行われることに、正直なところ大いなる危険性を感じています。そこで、少しでも大阪市民のみなさんに大阪都構想の真実について知っていただき、住民投票で正しい判断をしていただきたいとの思いから、急ではありましたが本書を出版することにいたしました。

　本書を出版した目的は、私が所属する政党や市会議員としての私に対する支援などをお願いするものでは決してありません。そのようなことは一切望んでいません。住民投票は、大阪市民のみなさんお一人お一人の問題ですので、自らの責任で様々な情報を集め、そして自らファクトチェックを行い、後悔しないための選択を行っていただく必要があります。ただただその一助にしていただきたいというのが本書を出版した目的です。

　少し冷静に考えて欲しいのですが、普通の議案なら府議会、市議会で審議をし、可決をしたらそれで決定です。そして決まったことは速やかに実行されます。しかし今回の場合は府議会、市議会で議決された後に、法律に基づいて住民投票が行われます。代議制による間接民主主義がとられている中で、さらに直接民主主義、いわゆる究極の民主主義である住民投票で「賛成」多数を得てはじめて、この大阪都構想という政策、大阪市が廃止され特別区に分割されることが決められるのです。

これって何を意味するのでしょうか？ 2つの意味があるのではないでしょうか。1つは、議会は議決するけれども、市民のみなさんに影響が大きすぎる問題であるから議会の議決だけではなく、もし問題があるなら、市民の皆さんが最後のブレーキを踏むことができるんですよという意味。もう1つは、もし可決された場合、住民投票で決まったことなのだから、その後、何か制度面などで不都合が起きても、行政や政治に責任を問うことができませんよ、究極の民主主義で市民が直接決めたんだから、その責任は大阪市民の一人一人にあるんですよという意味だと思っています。

　間接民主主義における議員というものは、有権者のみなさんから選挙で票をいただき当選させていただいた後は、市民の代表として、市民の皆さんに代わって、議会で様々な審議や行政のチェック機能を発揮していきます。その際には相当の勉強をしますし、地方自治の現場でありますので、現場を視察し意見を聞き、他都市事例を含めた調査研究を行い、さらには行政学、地方自治論、地方財政学、地方交付税制度、その他関係法令などについても勉強を重ね、一定の専門的な知識を蓄えた上で判断しています。それが1票を頂戴した政治家の責任ですから当然です。

　しかし、今回の大阪都構想の住民投票では、大阪市民のみなさんが直接判断するのです。将来後悔しないための一票を投じるには、よく内容を理解していただき、慎重な検討のうえで投票していただくことが必要です。

　そういえば、前回の住民投票の際に「自民党には都構想に変わる対案がないじゃないか！」と言われたことがありました。これに対して、「消費者民主主義になってませんか？ 今回は都構想の設計図（特別区設置協定書）があなたにとって良いかどうかを、あなた自身が判断しないといけないんですよ。その結果責任はあなたが負わされるのですよ。あなたは消費者ではなく当事者なんですよ」とお答えしたことを覚えています。

　また、「難しい説明はいらんから、簡単でわかりやすい言葉で言ってくれ」

ともよく言われます。正直なところ、簡単に説明できないため悩み苦しんでいるのが実情です。何故なら、「本当のような（実は全くデタラメな）話」が溢れており、それがさらに「分かりやすい」言葉となって市民のみなさんの頭に刷り込まれているのですからなおのことです。

　例を挙げると、「水道料金などは高くなるのか？」「敬老パスは無くなるのか？」「塾代助成やこども医療費助成は維持されるのか？」という質問に、大阪市のホームページでは「特別区の設置に伴って、水道料が高くなることはありません」「（敬老パス、塾代助成、こども医療費助成は）特別区を設置する際はその内容や水準を維持するものとします」と書いてあります。これはあくまでも「設置に伴い」「設置の際に」という設置した直後のことであって、特別区として歩み始めた後のことではないのです。このような独特な役人文書を利用した大阪市のホームページを参考にすると次のような「本当のような（実は全くデタラメな）話」になります。「水道料金の値上がりはありません」「各種サービスは無くなりません」という分かりやすい言葉になります。そしてその根拠は、「大阪市のホームページに書いています」といえば良いだけですから、本当にわかりやすいです。
　しかし、制度的なことをきっちりと説明すれば「水道料金が上がる可能性が高い」「各種サービスが無くなる可能性が高い」ということをご理解いただけます。ただ、その分、専門的な話も含めて説明に長い時間を要しますので、結局は「本当のような（実は全くデタラメな）話」が蔓延するのことを止められないままの状態が続きます。

　「本当のような（実は全くデタラメな）話」に惑わされることなく、大阪都構想に関することを正しく理解するために、本書では基礎的なことを解説をしたつもりです。基礎的なこととはいえ、正直少し難しい部分もあります。しかしこのような内容を理解することなく、何となく実は全くデタラメな「本当のような話」や「分かりやすい話」に流されて判断することだけは避

けていただきたいと願っています。将来後悔しないために。

　最後に、出版にあたって多くの方のお力をいただきました。この場をお借りして、心から感謝を申し上げます。

　　2020 年 8 月 25 日

　　　　　　　　　　　　　　　　大阪市会議員　　川嶋　広稔

第 1 章　大阪都構想とのこれまでの戦い

1　2015 年 5 月 17 日に行われた住民投票

　前回の住民投票は、2015 年 5 月 17 日に行われた。ふとその日のことを思い出したので、少し触れたい。投開票日に、地域の皆さんと各投票所の前で 20 時ギリギリまで反対のお願いをするとともに、街宣車での訴えも行っていた。20 時までの活動をやりきり疲れ切った中ではあったが、住民投票の結果がどうなるか気が気でなかった。その夜 0 時から生放送予定のラジオ「中山泰秀の『やすトラダムス』」(Kiss FM KOBE) への出演のために、自ら車を運転しながら神戸に向かっていた。状況を気にしながら、神戸の京橋インターで阪神高速道路から一般道に下り Kiss FM KOBE の事務所近くの駐車場に車を止めて、やっと車内のテレビをつけ状況を確認することができた。

　テレビに映し出された票数は賛成の方が多数であった。その数字を見て落ち込みかけたその時に「反対多数」とのニュース速報のテロップが流れた。テレビに映し出されている票数とは逆のテロップに、一体どうなっているのかと頭の中が混乱をした。しばらくするとテレビの中でも「反対が多数になった」「都構想が否決された」との内容が報じられ、その現実に触れた時に、「勝ったんだ」と思わず涙が溢れたことを今でも覚えている。そして、これで「この長い戦いもやっと終わった」と思った。

賛成派も主張をしていたように、主権者たる大阪市民が究極の民主主義である直接民主主義によって、ラストチャンスと言われる中で、その意思を示したのであるから、政治的には決着がついたということである。長い戦いだった。

　さて、この住民投票は、一般的に地方自治体の条例によって行われる諮問型の住民投票とは異なり、「大都市地域における特別区設置法」（以下、大都市法という）に基づいた法的拘束力のある住民投票である。この住民投票で賛成多数となっていたら、法の定めるところに従い、大阪市は廃止され、（当時の案では）5つの特別区が設置されるところであった。

　130年近く築き上げてきた大都市大阪市の歴史や、大阪大都市圏の母都市として経済を牽引してきた大阪市の役割に終止符を打つとともに、大阪市が廃止されて設置される新たな自治体である「特別区」のもとでは、間違いなくそこに住む大阪市民であった特別区民は「茨の道」を進むことになっていたであろう。

2　住民投票の後に行われた知事・市長のダブル選挙

　住民投票で大阪市廃止を阻止した後の11月に行われた知事・市長選挙において、我々が擁立した候補者は勝利することができず。大阪維新の会の候補者が当選し、松井大阪府知事、吉村大阪市長が誕生した。

　さて、この選挙の際に出された選挙公報を見ると、知事候補の選挙公報には「都構想」の文字は書かれていたが、「図表1-1」

図表1-1　大阪維新の会　市長候補の選挙公報

9

のように市長候補の選挙公報には一言も「大阪都構想」や「特別区設置」という言葉はなかった。「住民サービスの拡充」については、政令市大阪市だからこそできる政策であるし、大阪市民にとっては大阪都構想は住民投票で決着がついた話であるのだから、大阪市存続を前提に見るのは当然である。しかし、選挙後には大阪都構想は公約であったと主張を始め、大阪市長として再チャレンジを公言したのである。

　5 月 17 日の住民投票において、主権者たる大阪市民が究極の民主主義である直接民主主義によって、その意思を示したのであるから、我々政治家は、主権者の判断を尊重し、結果に従うことが当然である。しかし、大阪では民主主義という観点から大問題である、市民の判断を無視した都構想再チャレンジがメディアを通じて問題にされることはなかった。

3　再び法定協議会が設置されるまでの経過

　2015 年 5 月 17 日に「特別区設置（特別区設置協定書）についての住民投票」が行われ、投票率 66.83％で、賛成 694,844 票（49．6％）反対 705,585 票（50.4％）という結果となり、反対の票数が有効投票総数の半数を超えたため、特別区の設置は否決された。

　しかし、その後、再び法定協議会が設置されることになるが、その経過について簡単に振り返っておく。11 月 22 日に大阪府知事・市長 W 選挙の結果を踏まえて、12 月 19 日に吉村市長が就任した。その直後の 12 月 28 日に開催された第 1 回副首都推進本部会議において副首都推進本部の設置等が確認され、2016 年 4 月 1 日に大阪府・大阪市は副首都推進局を共同設置した。

　2017 年 2 月の大阪府議会、大阪市会に対して大都市法に基づいていわゆる法定協議会を設置するための議案「大阪府・大阪市特別区設置協議会の設置に関する協議について」が提案された。協議会規約案に対し、公明会派からの総合区も議論することという修正意見があったため、閉会中継

続審査されることになり、新たに「大都市制度（特別区設置）協議会の設置に関する協議について」との議案が提案された。この議案は維新と公明の賛成により大阪府議会、大阪市会で議決され、2017年6月9日に「大都市制度（特別区設置）協議会」（以下、法定協議会という）が設置された。第1回法定協議会は6月27日に開催された。

4　新たな特別区設置協定書案が作成されるまでの経過

　第1回法定協議会から第23回法定協議会の間は、特別区の議論と総合区の議論が並行して行われていた。しかし、2019年4月7日に行われた統一地方選挙、知事・市長ダブル選挙の結果、大阪維新の会が府議会では過半数を獲得し、大阪市会においても議席を伸ばした。その直後に開催された法定協議会において、各会派の法定協議会に臨む立場を表明することとなり、公明党は「大阪都構想には賛成の立場で法定協議会に参加する」と表明し賛成の立場に転じた（自民党は、「是々非々で議論に臨み、住民投票で決着させる」と表明）。

　この時点で総合区の議論はなくなり、賛成の立場に転じた公明党からは、4つの提案がされた。1つは住民サービスを低下させないこと、2つにはコストを削減すること、3つには地域自治区事務所を区役所とし今まで通りのサービスを維持すること、4つには児童相談所を各特別区に設置することである。この結果、その後の法定協議会での議論の方向性は公明党の提案を全て受け入れ、特別区制度案が大きく修正された。

　2019年12月26日の第31回法定協議会において、特別区素案の方向性について採択が行われ、その結果に基づき作成された協定書案が2020年1月31日の第32回法定協議会において提示され、6月19日の第35回法定協議会で協定書案の採択が行われ賛成多数で可決された。7月31日の第36回法定協議会において、総務省から「特段の意見なし」との回答を踏まえて協定書が決定された。その後、知事、市長に手交され、大阪府議会、

大阪市会へと議論の場が移った（執筆時点）。

5　大阪維新の会ができた当時のこと

　個人的な昔話で恐縮だが、大阪維新の会ができた当時のこと、それ以前のことを少し述べたい。

　2008年に橋下氏が大阪府知事に当選した時からの話である。

　筆者は、橋下知事が誕生後、大阪府内の市議会議員と橋下知事とで結成した「大阪教育維新を市町村から始める会」にメンバーの一人として参加することになり、大阪の教育維新に取り組んでいこうと頑張っていた。定期的に知事室に近い会議室にメンバーの市会議員が集まり、知事も同席の下、教育改革の実現に向けて大阪府教育委員会事務局との議論を進めた。その頃は橋下知事に大きな期待を持っていた。

　しかし、その後、大阪府と大阪市の水道問題（府南部地域への大阪市水道からの送水のため、巽配水場から藤井寺ポンプ場へ送水する改革）が破談となり、その後に検討された大阪府市の水道統合も実現しないとなった頃、ついに橋下知事は大阪都構想を打ち出したのである。期待した改革が挫折する中で「大阪市の権限と財源」を大阪府に取り入れたいという気持ちが橋下知事の中でどんどん大きくなっていったのではないだろうか。

　さて、それと前後する2009年4月、大阪府庁の建て替え問題（ＷＴＣを大阪府庁の本庁舎とするか建て替えるのか）をめぐって自由民主党大阪府議会議員団が分裂し、自由民主党維新の会大阪府議会議員団が立ち上げられた。

　2010年4月にはこのメンバーは自民党を離党し、「大阪都構想の実現」を政策の1丁目1番地とする、地域政党「大阪維新の会」を結成した。その直前、橋下徹氏、松井一郎氏、浅田均氏と自由民主党の大阪市会議員9人とで会ったのだが、その際、「大阪都構想の実現に向け一緒にバスに乗って考えましょう」と誘いを受けた。しかし、その当時から筆者は大阪都構想の問題点を指摘し、大阪都構想だけは大阪市にとっては何のメリットも

ないと認識していたため、お誘いははっきりお断りした。その時のことは
朝日新聞大阪社会部「ルポ橋下徹」(朝日新書) の139〜140頁に紹介され
ているので、ぜひご覧いただきたい。なお、このタイミングで「大阪教育
維新を市町村から始める会」は名称を「大阪教育改革を市町村から始める会」
に改め、私はこの活動からも一線を引くこととなった。名称を変えて欲し
いという提案があったこと自体驚いた。

　その後、2011年の統一地方選挙に向けて、大阪維新の会の方から「○○
をあなたの選挙区の候補者に考えている。いま来てくれるなら受け入れる」
というような誘いで (筆者も同様のことを言われたが)、多くの仲間が「選挙」
を理由に大阪維新の会へ行ってしまったことが、本当に残念で悲しかった
ことを今でも覚えている。

　当時の筆者の選挙区の情勢は、定数3の選挙区に6人が立候補するとい
う状況で、マスコミや党の調査では筆者は6番目で当選は厳しいと言われ
ていた。予想通り非常に厳しい選挙となった。しかし、大阪都構想は大阪
市民にとっては何らメリットはない、大阪全体にとってもメリットはない
との思いで必死に戦った結果、ギリギリ3番目で当選することができた。
その時の厳しい戦いのひとコマが佐高信著「石原慎太郎への弔辞」(KKベス
トブック) の123頁にも少し紹介されているので、こちらもぜひご覧いた
だきたい。

　その後は、大阪維新の会との戦い、大阪都構想との戦いが今日現在まで
続いている。気がつけば10年もの間、戦い続けていたことになる。

第2章 都構想よりコロナ対策、アフター
コロナ社会を見すえた政策に全力を

1 コロナ禍の状況

　2019年11月、中国の武漢市において初めて感染が確認された新型コロナウイルス感染症（COVID-19）は、その後、瞬く間に世界各地に拡大し全世界が感染の危機に晒されるという状況となった。多くの国で都市封鎖、経済封鎖や入国制限が行われるなど、長期間に渡って厳しい行動制限が課せられ、製造（生産）・流通・消費といった経済の循環が機能停止に陥った。さらに、本年2020年に開催が予定されていた東京オリンピックも延期されるなど、社会・経済面でも甚大な影響をもたらした。

　世界経済に目を向けると、先日発表された数字を見て驚いたが、アメリカでは2020年4～6月期の実質国内総生産（GDP）の速報値が、前期比年率換算で32.9％減少し、欧米においても4～6月期のユーロ圏の域内総生産（GDP）の速報値が、年率換算では40.3％減となるなど、まるで世界恐慌前日ではないかと思わせる数字であった。日本においても8月17日に「4～6月期GDP年率27.8％減　コロナ拡大で戦後最悪のマイナス成長」（毎日新聞）というニュースも流れており、その影響は計り知れないものとなっている。

　さて、日本においては、4月7日に国による緊急事態宣言が発出され、

医療崩壊寸前の状況になるとともに、国民の生活にも多くの制限が加えられた。緊急事態宣言の解除後、いったんは収束したかのようにも見えたが、瞬く間に緊急事態宣言中の感染者数を超え、第2波ともいえる感染者数となり、予断を許すことができない状況となっている。

　大阪においては、大阪府独自の基準に基づく自粛要請・解除及び対策の基本的な考え方である「大阪モデル」が示され、7月12日には警戒を呼びかける「黄信号」が点滅した（なお、この「黄信号」など大阪モデルの基準が、「赤信号」になる基準に達しそうになると、その都度、基準が見直されているという不可解さがあることには注意しておくべきである。当初の大阪モデルでは、大阪はすでに「赤信号」の状態にある）。

　そのような中、8月の臨時市会が開催されるなど、大阪都構想の住民投票に向けた手続きが着々と進んでいるが、本当にそれで良いのだろうか。立ち止まって考えるべき時なのではないだろうか。

2　都構想の前提が大きく変わった

●前提とする社会（インバウンド、万博・IR頼み）が変わった

　さて、大阪都構想が前提としていた社会は、グローバル社会が進展する中、インバウンド、万博・IRを頼みとする新自由主義的な経済を前提とした社会であたった。しかし、アフターコロナの社会では、グローバル社会のあり方から、経済のあり方、個人の人生観も含めた価値観までもが大きく変容し、新たな社会システム、経済システム、そして行政システムが求められることになるであろう。

　我が国において、海外との渡航制限によってインバウンドが極端に減少し、4〜5月で訪日外国人数が99.9％激減したとの衝撃的な数字も公表された。また、世界各所のカジノが閉鎖されるなど、大阪都構想が前提としていた社会は大きく変容したと指摘せざるを得ない。IRについては、2019年12月10日の第30回法定協議会の資料「論点ペーパー附属資料

I～IR収入金の配分～」で示されたように、大阪府・大阪市におけるIR収入見込み(試算)を700億円／年[1]と試算している。いわゆる大阪都構想は、この収入金をあてにした制度設計になっていると思わざるを得ない。この700億円／年という金額も、国の手続きが遅れていることや、コロナ禍の中で、将来にわたってインバウンド効果に期待が持てない状況下で、非常に危うい数字となっている。

●財政シミュレーションの前提も大きく変わった

2019年12月26日 第31回法定協議会において、「特別区制度案」の参考資料として「特別区設置における財政シミュレーション（一般財源ベース）」が示されている。この財政シミュレーションは、賛成派が特別区設置後に特別区の財政が成り立つという主張の根拠にしているものである。しかし、この中身を見ると「大阪市『今後の財政収支概算（粗い試算）』(2018年（平成30年）2月版」の数値を使用したものと書かれており、コロナ禍以前の数字を根拠としたものになっていた。この点を指摘してきたが、2020年8月11日に新たな財政シミュレーションが出された。副首都推進局は新たなシミュレーションにおいても特別区に収支不足は生じないとしたが、その内容には大きな問題があると言わざるを得ない。

このシミュレーションは、「大阪市『今後の財政収支概算（粗い試算）』(2020年（令和2年）3月版）」をベースにしているが、「特別区設置における財政シミュレーション（一般財源ベース）」には、「令和2年度当初予算で前倒し実施された小中学校給食費の無償化」は反映されている（R3年度以降も同様）が、「R2年度大阪市補正予算で追加措置済みの感染症対策経費は、国補正予算の措置でカバーされている状況」であるという理由で反映されていない。つまり「コロナ禍」が財政に与える影響を全く考慮していない。

1　(内訳) 認定都道府県等入場料収入:130億円/年 (日本人等カジノ施設延利用者数 440万人/年)、認定都道府県等納付金収入:570億円/年 (カジノ行為粗収益※ 3,800億円/年 × 15%)

その他にも疑問に思うことがある。財政シミュレーションの反映額に、地下鉄の民営化効果額（特別区 71 億円、大阪府 5 億円）、一般廃棄物収集輸送（特別区 29 億円）、一般廃棄物焼却処理（特別区 13 億円）、その他にも下水道、バス、港湾、工業研究所、衛生研究所などのこれまでの改革によって生じる効果額を含めた財政シミュレーションとなっており、明らかに市民に誤解を与えかねない内容となっている。

　さらに、シミュレーションの基となる大阪市「今後の財政収支概算（粗い試算）」は、歳入に関して、「市税を『中長期の経済財政に関する試算』（2020年 1 月 内閣府）で示されたベースラインケースの指標により試算」しているため、ベースラインケースとして経済成長率を 2020 年度 2.1％、2021 年度 0.7％、2022 年度 1.7%、2023 年度 1.5%、2024 年度 1.4%、2025 年度 1.3%、2026 年度以降 1.2%、2028 年度以降 1.1% と見込んでいる。しかしこれは現状を踏まえるとあり得ない数字であることから、そもそも議論の前提が大きく変わったことをふまえた再試算になっていない。

●住民説明ができない、住民の理解が進まない中での住民投票

　住民投票に際して、大都市法第 7 条の 2 は「関係市町村の長は、選挙人の理解を促すよう、特別区設置協定書の内容について分かりやすい説明をしなければならない」と定めている。2015 年の住民投票ではこれに基づき 39 回の住民説明会が実施され、3 万 2 千人を超える大阪市民が参加した。しかし、現在のコロナウイルス感染症患者数を見ていると、また「大阪モデル」において「黄信号」の状況であることを考えると、これが難しい。松井市長が提言している住民説明会は 8 回のみである。また賛成派、反対派ともにそれぞれの立場で住民説明会を開催することも実質的に不可能である。例え説明する機会を設けることができたとしても、コロナ禍の影響で、経済活動は停滞、いや麻痺をし、企業活動や住民生活に大きな打撃を与え、事業の機会を奪われ、雇用・就労の機会が奪われ、所得が得られず、生活の基盤が脅かされ、「明日が見えない」という状況が続いていて都構想どこ

ろでないと感じている方も多くおられる。そんな中で住民投票を行うことは、住民理解が進まない中で、住民に最も影響を与えることになる自治体のあり方を変えてしまいかねず、主権者に対する冒涜といえるのではないだろうか。

3　アフターコロナ社会に向けた行政の役割

●価値観が大きく変わる中で、行政への期待も大きく変わる／今やるべきことは、明らかに都構想ではない

　最近では、1990 年代のバブル崩壊後、1995 年の阪神淡路大震災、2011 年の東日本大震災など私たちの力ではどうにもならない「不条理」が起き、多くの方の人生観や価値観などが変わったのではないだろうか。アフターコロナの社会を考えると、おそらく人生観や価値観は大きく変わっていくはずだ。少なくとも、働き方に関しては、在宅勤務などリモートワークが一気に進み、家庭のあり方、通勤に対する概念は大きく変わった。大都市地域や沖縄などの観光地におけるコロナ感染者数が地方都市と大きく乖離している状況から、都市のあり方についても問い直されることになるだろう。

　行政に対しても、今回の緊急事態宣言を発令した際に、「自粛と補償はセット」という意見が噴出したことに見られるように、これまででは考えられなかった現金給付への期待など、市民が行政に求めるものも大きく変わってきているのではないだろうか。

　また、アフターコロナの社会では中長期的に、雇用や生活保障、事業継続のための中小企業への支援など福祉的な社会政策や、感染症対策や大規模自然災害（昨今の台風や異常気象による風水害、30 年以内には相当の確率で発生すると言われている東南海地震など）を含めた危機管理に対して万全の備えをすることに多くの期待が寄せられるはずである。以上のことをるる考えると、明らかに今やるべきことは都構想ではないということだけははっき

りと言える。

●財政調整基金を都構想ではなくコロナ対策に活用すべき

　コロナに関する各種施策についての地方自治体の財源に関して、地方自治体が持っている貯金である財政調整基金の話がテレビ報道でとりあげられたことは覚えておられるだろうか。

　先述した大阪市を廃止し特別区を設置することに伴う「財政シミュレーション」の中に「財源活用可能額」という項目があり、財源対策として、「特別区の収支（財源対策前）がマイナスとなる場合には、特別区に承継される財政調整基金を活用することと仮定して、シミュレーションを行った」と記載されている。要するに都構想は、「財政調整基金」を活用することが前提となっているのである。

　財政調整基金は、大阪都構想のために大事に取っておいたものなのか。今こそ、大阪の経済や市民生活を守るために活用すべき時なのではないだろうか。

　令和2年度の予算書では、財政調整基金の残高は1491億円となっている。全部を使えとは言わないが、少なくとも、今最優先で取り組むべきは、これら財政調整基金などの豊かな財源を積極的に活用して、中小企業支援や一人ひとりの市民の生活再建支援、医療体制の充実、台風や地震等の災害に備えた危機管理面の充実など、目前の課題に取り組むべきである。

　そして市民が一丸となってこの困難を乗り越えなければならない今、大阪市民の中に対立や分断を生む大阪都構想の住民投票は絶対にやるべきではない。

第3章　大阪都構想の「真実」

1　知っておいて欲しいこと

1　「うがい薬」と「大阪都構想」の共通点

　コロナ感染症対策に関連して、吉村大阪府知事がポビドンヨードを使ったうがい薬で「コロナの重症化などを防げる」などと発言して大きな波紋を呼んだ。その後「これは予防薬でもなく治療薬でもありません」との発言があり、この騒動はなんだったのかと感じているが、実はここに、大阪都構想の問題の本質が潜んでいる。

　そもそも「効果」が本当にあるのかどうかを医学的な見地から検証をしていたのだろうか。もし効果があるなら具体的かつ科学的根拠に基づいて「効果」を示すとともに、ポビドンヨードを使ったうがい薬では甲状腺機能に異常がある人や妊婦が使用した場合に副作用が心配されると言われているのだから、その「副作用」ついても正しく市民に伝えるべきであった。

　ところで、2015年の住民投票の際には、賛成派のビラの中で都構想を特効薬「とこう草」に例えた漫画が描かれていた。もし本当に大阪都構想が特効薬のように大阪の課題を解決してくれるなら、その「効果」の根拠を具体的かつ明確に、そして「副作用」についてもきっちりと説明すべきである。しかし賛成派が説明責任を負わないので、常に反対派が説明責任を

果たしているという状況が続いている。

　あらためて大阪都構想に関して、本書を通じて特に「副作用」について
その中身をしっかりと知ってもらいたい。

2　なぜ住民投票に至ったのか

●大阪市が「格下げ」になるから住民投票の規定がある（国会での議論より）
　大都市法は、議員立法によって制定された法律である。当時は民主党政
権の時代であったが、大阪維新の会が国政に進出する可能性があった。都
構想を実現するための法律を作ってくれたら国政には出ないという話があ
り、国会において共産党を除く各党が議員立法として提案したものである。
当時の自民党は野党であったが、自民党本部で行われていた勉強会に、大
阪府議会議員と大阪市会議員から意見を聞きたいということで呼ばれ、そ
の一人として私も参加した。

　その時のことは忘れもしないが、何人かの国会議員から「この法律を作
れば大阪維新の会は国政に進出はしない」「知事・市長が大阪維新の会になっ
たということで、大阪の民意を尊重するだけである」「この法律はあくまで
も手続法だから使わなければ良いだけだ」というような意見が出たことに
正直驚いたことを覚えている。

　さて、国会での議論であるが、平成24年8月7日の衆議院総務委員会
において、「なぜ住民投票の規定を設けたのか」という質問に対して、法案
の提案者の一人として佐藤茂樹衆議院議員（公明党）は「住民サービスの提
供のあり方というのが大きな影響を受けるわけですね。特に指定都市が今
回廃止になるという、大阪市のような場合、そういう場合については権限
や税財源の面でいわば格下げとも言える事態が生じて、通常の市町村合併
以上に住民の生活等に大きな影響があると考えられます」という答弁を行
なっている。

　つまり権限と税財源の面で「格下げ」になる事柄なので「住民投票」で

当該市民の意思を確認しておく、という趣旨なのだ。地方分権を進めている国の方針と逆の方向を向いた改革でもある。大阪市を分割するにしても特別区にするのではなく、複数の市に分割すれば、税財源の面では他の市町村同様のままで、少なくとも税財源の面での「格下げ」は起きない。しかし特別区になると固定資産税や法人市民税が府税となり、税財源の面での「格下げ」になるという意味の重要性を知ってもらいたい。

●国会での議論の後に行われた地方制度調査会での専門委員から出た「茨の道」発言について

大都市法が制定された直後に、地方自治の制度に関して専門家が議論をする第30次地方制度調査会 第20回専門小委員会（平成24年9月26日）において太田匡彦委員（東京大学教授）から「大阪市民があえて茨の道を行くというときに、いいと考えるのか、いやいや、あなたたちは一応、特別地方公共団体なのだから、要するに基礎的な地方公共団体というほうがこの場合は重要ですね、国としてそういう無茶はしなさんなというか、茨の道は行きなさんなと。大阪市全体になっていたほうが基準財政需要額でもそこそこのレベルのものを保障してもらえるのだから、やめなさいというべきなのかというのは、私にはよくわからないところがあります。茨の道でも行きたいというのだったら行かせればと思う自分もいるわけです。」（議事録そのまま）との発言があった。

これは大阪都構想議論の本質をついた重要な発言である。基準財政需要額というのは国が地方交付税制度において「すべての地方団体が一定の水準を維持しうるよう財源を保障する」[2] ということで、国民がどこに住んでも最低限の住民サービスを市町村が提供できるように国の責任において、交付税によって一定水準を維持するというものである。かつて北海道の夕張市が財政破綻したが、夕張市民が「一定水準」の住民サービスを受ける

2　https://www.soumu.go.jp/main_content/000669566.pdf

ことができたのも地方交付税制度のおかげである。

　太田委員のこの発言の中に、「大阪市全体になっていた方が基準財政需要額でもそこそこのレベルのものがを保証してもらえる」というのは、言葉を変えれば、特別区になれば基準財政需要額が保証されないということを暗に示唆しているのである。特別区に分割されると交付税の総額が国が定める一定の水準を下回ることになる。このことが先述した国会での議論の中で佐藤氏が税財源の面での「格下げ」と発言した由縁である。

　地方交付税についてはあらためて第6章の4（62頁以降）で説明をするのでよく読んでいただきたい。

●大都市法に基づく住民投票に「法的拘束力」があるとはどういうことな
　のか　〜一度賛成多数になったら二度と戻れないということ〜

　大都市法に基づく住民投票が、どれだけ異例なものなのかをまず知ってもらいたい。

　「図表3-1」に住民投票の種類について整理した。①憲法に基づく住民投票、

図表3-1　住民投票の種類

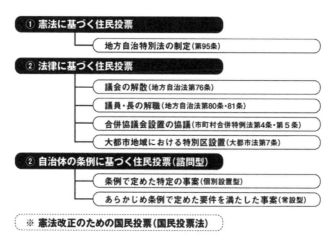

※ 茅ケ崎市『住民投票制度の調査・研究』（平成23年4月）P1を参考に筆者作成

②法律に基づく住民投票、③自治体の条例に基づく住民投票の３つがある。

　①にある「地方自治特別法の制定」については、国会が特定の地方自治体のみを対象とした特別法を設置する際に、対象住民に是非を問うための住民投票である。

　②については「法的拘束力」を持つものとなるが、ここに掲載されているものに限定されている。今回の大都市法に基づく大阪都構想に関する住民投票が、まさに稀なケースであることがわかる。普通は法律に基づいて代議制民主主義のもと、議会において議決されたものは、そこで決定となる。あらためて住民投票という直接民主主義の方法によって補完しなければならないということは、①の憲法に基づく住民投票や、最下段に参考に書いてある憲法改正の国民投票と同じように、住民に与える影響が甚大であるということである。

　次に、一般的によく行われている住民投票は、③の自治体の条例に基づく住民投票である。特定の問題に対して住民の意見を聞くという諮問型の住民投票が多い。これらの住民投票は、諮問型であって法的拘束力を持つものではない。

　以上のことを踏まえて、もう少しわかりやすく言うと、多くの法律がある中で法的拘束力を持つ住民投票が規定されているのは、大都市法しかないのである。そもそも国会や地方議会で多くのことが議決されるが、その議決に対して、住民投票で有権者に再度問うということについては相当な事情があると考えるべきである。大都市法に基づいて議会で大阪市を廃止をして特別区を設置することを議決した場合でも、「住民の皆さん、本当に良いのですか？」と問わなければならないということであり、住民投票は「最後のブレーキ」でもある。

　大都市法において行われる法的拘束力のある住民投票によって「賛成多数」となった場合、協定書案に書かれた通りに 2025 年 1 月 1 日に大阪市は廃止され４つの特別区が設置される。もう後戻りできない。そもそも特

別区を元の大阪市にもどしたり、それぞれの特別区を市町村にするような法律はない。東京都の状況を見ると、おそらく今後も、そのような法律が作られることはないと考えざるを得ない。

3　総務大臣が「協定書案」について「特段の意見なし」と言った意味
〜婚姻届を受理されたからって「幸せになる」保証はない〜

　2020年6月19日の法定協議会での特別区設置協定書に対する採決を経て、協定書案が大都市法に基づいて総務大臣に送られた。そして7月28日に「特段の意見なし」という総務大臣からの回答があり、7月31日には、第36回法定協議会が開催され、協定書の決定と協定書の知事・市長への手交が行われた。

　この回答をもって、大阪都構想については「総務大臣が認めた内容である」とか「（私たちが指摘をしている基準財政需要額に対する課題に対しても）総務大臣が認めたのだから問題ない」というような意見を聞くことがあるが、それは大きな間違いである。

　総務大臣からの回答の文面を見ると、「特別区設置協定書（案）のうち、同条第1項第5号及び第6号に掲げる事項（特別区とこれを包括する道府県の事務の分担、税源の配分及び財政の調整に関する事項）については、特段の意見はありません」と書かれており、あくまでも事務分担に関しては法的な問題はないということと、財政調整に関して、国の地方交付税制度などへの影響がないということを言ってるに過ぎず、筆者がよく例え話で言うのだが、婚姻届を出すにあたって法的に問題はないと言ってるだけで、結婚をして幸せになれるかどうかを保証するものではないのである。

　さて、これとは別に、総務大臣からは「特別区を設置することについては、行政サービスを提供する主体である地方公共団体の法人格に関するものであり、自らの地域のあり方を決める極めて重要な問題です。総務大臣意見は、特別区設置に関する判断をするものではなく、その成否については、法定

の手続きに従い、地域の判断に委ねられているものであり、住民の皆様の判断に資するよう、協議会や大阪府議会・大阪市議会などにおいて、関係者間の真摯な議論が行われることを期待しています」とのコメントが出されている。

　このコメントを読めば、婚姻届の例え話がわかっていただけるのではないか。「総務大臣意見は、特別区設置に関する判断をするものではない」とはっきりと書かれている。あくまでも「法定の手続きに従い、地域の判断に委ねられるもの」とあるように総務大臣の意見は手続きの一環であり、あとは住民の判断で決めるものである、その結果責任は住民が負うと言ってるのだ。そのことは大阪市民として重く受け止めていただきたい点である。

　最後に「関係者間の真摯な議論が行われることを期待している」とあるが、このようなコメントが出されるほど、真摯な議論が行われていないと読みとれるのではないだろうか。

第4章　大阪都構想のメリットについて

1　大阪都構想のメリットを探してみたが…

　周りの方に大阪都構想の話をした際に「どうして大阪都構想のメリットについて説明をしないのか」と問われることがある。法定協議会後のマスコミのぶら下がり取材の時にも「大阪都構想にどんなメリットがあると考えるか」と何度か聞かれたことがあるが、「いくら考えてもわからない。誰でも良いので教えて欲しい」といつも答えている。

　これは、決して私が反対派だからという理由で説明したくないのではない。2019年の統一地方選挙、知事・市長ダブル選挙の後、自由民主党大阪府連の会長が渡嘉敷衆議院議員に代った直後、大阪都構想に賛成するかのような発言があり、大阪府連の中でのゴタゴタがあった。最終的には「是々非々で議論に臨む」「住民投票で決着する」という自由民主党らしい決着を果たした。その時から是々非々である以上、私自身もメリットを探してきた。特に広域一元化によるメリットについては、本当にメリットがあるのなら、定性的ではなく、定量的に示せるはずだ。

　しかし、大阪市が公募した「大都市制度（総合区設置及び特別区設置）の経済効果に関する調査検討業務委託」に応募した学校法人嘉悦学園が作成された報告書、いわゆる「嘉悦報告書」を見る限り、後述の通り経済効果に実現性がないことは明らかであり、また勉強すればするほど、広域一元化・

司令塔の一本化を果たしたとしても、制度の問題や関係者間の利害調整の難しさから、賛成派が主張してるような効果はなかなか現れないこともわかってきた。

　結果、正直なところ、いまだに、大阪市を廃止し4つに分割してまで「都構想」を実現しないといけない理由がわからない。反対ばかり言ってるように聞こえるので、広域の一元化についてはある程度の効果があるということを「戦略的」に言ったほうが良いとの意見もあるが、戦略的に言うにしても、ある程度の根拠を持っていないと正直、言うことはできない。この点は、私の悩みでもある。

2　広域一元化は大阪府にとってメリットがあるのか？

　自由民主党大阪府連所属の大阪府議会議員から「大阪市域外にはメリットがある」と言う意見を聞くことがある。確かに、大阪市の市町村税であった税収のうち、固定資産税、法人市民税、特別土地保有税の調整3税が大阪府の税収になるのだから、その税を大阪市外に配分することができれば、そのようなことも可能であろう。とはいえ現時点での特別区制度案や協定書案では、これらの税収は特別区財政調整基金の税源とされており、他の市町村に配分するという記載はない。

　もし、特別区移行後に大阪府議会で何らかの意思決定が行われ、大阪市域外に大阪市の税を配分できるとしたとしても、少なくとも次のような「大阪府のリスク」を超えるだけのメリットがあるかどうかも検討しておく必要がある。

●大阪都構想を実現した際の大阪府のリスク
　大阪都構想を実現した際の大阪府のリスクについては、法定協議会においても議論がなされていない。また広域一元化のメリットを強調してきたために、暗黙のうちに「リスクはない」と言う前提になっているが、本当

にリスクがないのか少し考えてみたい。

（万博・IRなどの大規模事業に関するもの）
　工事関連費等が高騰した場合には、事業費が増嵩する可能性がある。2025年1月の特別区設置後に工期の遅れなどが新たに発生した際には、大阪市は特別区になっている以上、その負担は大阪府のみが負うことになる恐れが生じる。

（新たな交通インフラ等の地方負担について）
　鉄道新線や空港、高速道路などの新たな出資や地方負担については、これまで広域的な役割から政令市である大阪市も都道府県並みに負担していた。しかし、特別区では負担しなくなる。特別区は受益者負担分ですら支払えない可能性もあり、大阪市がこれまで負担してきた地方負担を大阪府が引き受けなければならなくなる可能性がある。

（建築物やインフラなど大規模な公共施設の維持・更新費用の負担）
　コストの平準化や長寿命化によって財政対策を計画していたとしても、災害や事故などはおこりうる。大阪市から引き継いだ事業に伴う公共施設等に関連して、新たに突発的な経費負担が生じ、大阪府の負担が生じる可能性がある。
　また国による災害の想定基準などの見直しによる、新たに大規模な防災工事が必要となる可能性もある。その費用は全て大阪府が負わなければならない可能性がある。

（広域事業一元化による地方交付税制度上のリスク）
　大阪府と大阪市で別々に実施していた事業について、事業主体者が大阪府に一本化されることで、地方交付税制度上の基準財政需要額が減額される可能性がある。今のところ全く議論されていないのでもしかしたらその

ような心配はないかもしれないが、検討されていないこと自体が問題である。しっかりと検証をしておくべきである。

　大阪都構想を実現したのちに、新たな問題が生じた際には以上のような問題が起こる可能性がある。当然、大阪府側としては財政負担したくないので、「本来は大阪市が負担すべきもの、財政調整財源で負担する」と言うだろう。その際には、財政調整財源の大阪府と特別区の配分割合を大阪府に多く配分されるように都区協議会に提案してくることが考えられる。しかし、4特別区の各区長がそのような提案を飲むはずがない。そもそも広域一元化をすることで二重行政の無駄が省けて財政効果や経済効果が出ると賛成派は主張していたのだ。よって自治や自己決定権がない中で財源だけを負担させられるような話に対して、選挙で選ばれた特別区長が易々と従うわけがない。従うと大阪府から交付される財政調整交付金が減額され、その分の住民サービスを削減せざるを得なくなる。こうした府と特別区の利害対立は当然、起こりうる話である。

3　都市経済学的視点から見たリスク

　都市経済学的な視点からも少し考えたい。「図表4-1」は縦軸（Y軸）が都市の集積度を表すもので、わかりやすい例で言うと、地価や地代をイメージしていただきたい。横軸（X軸）は大阪の都心からの距離である。

　まず、大阪市は基礎自治体としての機能とともに、産業や都市機能の集積や人口流入や都市問題を解決のために、様々な都市経営を行っている。大阪府は広域的な仕事を担っている。また、府内市町村の連絡調整機能や市町村に対する補完の機能を果たす。府域の均衡ある発展のために国が行う税の再配分的な機能も担っている。そのことを頭に入れてこの「図表4-1」を見ていただきたい。

　まず、現在は大阪市が大阪市域における都市経営を行い、大阪府が大阪

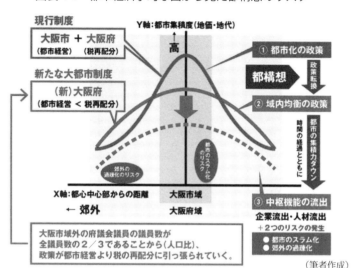

図表 4-1　都市経済学的な面から見た都構想のリスク

（筆者作成）

府全体の税の再配分などの機能になっているので、都市経営の柱もしっかりしており富士山型の「①都市化の政策」にラインになっている。ここで大阪都構想が実現されれば、大阪市が担っていた都市化の政策は特別区では担えないので大阪府が担うことになる。しかし、大阪府では府議会議員の約３分の２の議員が大阪市域外からの選出になるので、都市化の政策よりも大阪府が本来担っている税の再配分的な機能などに力点がおかれるようになる。大阪府域全体で見た場合、これまでの都市経営に政策転換が起きたような状況になり、台地型の「②域内均衡の政策」ラインになるだろう。なお、今の大阪府を見ていると、万博やＩＲなどのインバウンド政策や一過性のイベントに多くの投資を行う方向が強く指向されているが、長期的に見ると、やはり「②域内均衡の政策」に近づくことになるだろう。

　その後は、都市の集積が弱まる可能性があるため、結果として企業の流出や人材の流出が起こりかねず、大阪府域全体としては、「③中枢性の流出」のラインにさがっていくことになるだろう。

　近年ＪＲ大阪環状線の外側、特に東南部、南部に関しては都市の集積の力が弱まっている。いま大阪市の指定都市の行財政力を活かして、交通インフラの整備などの都市集積のための施策を取らなければ、大阪の活力は減退する。都市のスラム化と言う問題も招きかねない。さらには郊外においても過疎化というリスクを抱える可能性がある。大阪都構想はまさにこの危険性を著しく増大させる。

　よって都市経済学的な面から考えて、政令指定都市である大阪市があるのかないのかで、大阪全体の将来の姿が大きく変わってくることになるだろう。

第5章　広域一元化に関する真実を知ろう

1　大阪市のWTCと大阪府のりんくうゲートタワー
〜二重行政での失敗ではなかった〜

　大阪市の「負の遺産」の例として大阪市のWTCの話が挙げられる。WTCは、大阪府のりんくうゲートタワーと高さを競って、結局は二重行政の無駄を作ったと言われている。この失敗の原因は本当に二重行政の問題だったのか、大阪府知事と大阪市長という二人の指揮官がいたから失敗したのか考えてみたい。

　まず、バブル期の失敗の背景にあるものを見ておきたい。WTCは1988年の「テクノポート大阪」計画に基づいて計画され1995年3月に竣工された。この頃、日米貿易摩擦解消のために日米構造協議の場での折衝が繰り返されていた。最終報告書の中でアメリカ側から日本に対する要求は、公共事業など内需拡大が求められ、その結果、10年間で約430兆円（後に630兆円に拡大）の「公共投資基本計画」が策定された。内需拡大路線が進められた。その一環として、地方自治体の公共投資を進めやすくするために、第三セクター方式による開発を促進する民活法が定められた。また資金面では金余り状態にあり、NTTの株売却益を原資としたA融資を各自治体に活用するよう通達があり、各自治体はこぞって活用した。

　ちなみに、この頃は日本の国土の約19％がリゾート法の対象とされるな

ど、日本国中で箱物の整備が進んでいたわけである。WTC もりんくうゲートタワーもこのような背景の下で建設されたものである。結局は二重行政の失敗ではなく、国策に踊らされた末の政策面での失敗であったということだ。

2　阪神高速道路の淀川左岸線 2 期・延伸部整備の事業スキーム
～事業の資金スキームが一番の課題だった～

「図表 5-1」～「図表 5-3」は、大阪市の理事者にヒアリングをし、阪神高速道路の「淀川左岸線 1 期（北港 JCT ～海老江 JCT）」「淀川左岸線 2 期（海老江 JCT ～豊崎 IC）」「淀川左岸線 2 期延伸部（豊崎 IC ～門真 JCT）」について、事業主体、事業概要、事業スキームなどについて整理したものである。

そもそも高速道路は民営化前は公団であったために、「淀川左岸線 1 期（北港 JCT ～海老江 JCT）」の事業スキームにおいて地方負担は存在しなかった。しかし、阪神高速道路公団が民営化されたことで、高速道路の整備にあたっ

図表 5-1　阪神高速 淀川左岸線 1 期　　北浜 JCT ～海老江 JCT

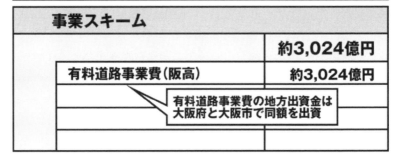

都市計画決定権者	事業主体		事業概要	
大阪府 〃 〃	S61.8 H10.12 （変更） H14.7 （変更）	＜民営化前＞ 阪神高速（公団） ＜民営化後＞ 阪神高速（会社）	延長 事業費 供用時期	約5.7km 約3,024億円 H6年：北港～島屋 H25年：島屋～海老江

事業スキーム	
	約3,024億円
有料道路事業費（阪高）	約3,024億円
有料道路事業費の地方出資金は 大阪府と大阪市で同額を出資	

図表 5-2　阪神高速 淀川左岸線 2 期　海老江 JCT 〜豊崎 IC

都市計画決定権者	事業主体	事業概要	
大阪府 大阪市　H8.3 H28.11 （変更）	＜民営化前＞ 阪神高速（公団） ＜民営化後＞ 街路事業：大阪市 有料道路事業：阪高（会社）	延長 事業費 完成予定	約4.3km 約1,262億円 H38年度末

事業スキーム

有料道路事業費の地方出資金は大阪府と大阪市で同額を出資

有料道路事業費（阪高）	約100億円
街路事業費（大阪市）	約1,162億円
国費（70%）	約813億円
地方債（30%）　市負担	約349億円
（別途、地方費分（他路線））	（約317億円）

国費 55%
地方債 45%

図表 5-3　阪神高速 淀川左岸線 2 期延伸　　豊崎 IC 〜門真 JCT

都市計画決定権者		事業主体	事業概要	
■市内 大阪市	H28.11	＜直轄事業＞ 国 ＜有料道路事業＞ 阪高（会社） NEXCO西日本	延長 事業費 完成予定	約8.7km 約4,000億円 H43年度末
■市外 大阪府	H28.11			

事業スキーム

NEXCO 西日本
＝約 600 億円
阪高（会社）
＝約 1,600 億円
地方出資金なし

有料道路事業費（阪高等）	約2,200億円
直轄事業費（国）	約1,800億円
国費（2/3）	約1,200億円
直轄負担金（1/3）府市折半	約600億円

て地方負担が求められることになった。とはいえ、その整備費は膨大な金
額となることから、国との負担割合での協議に時間がかかっている。また
事業スキームも決まったものがあったわけではなく、淀川左岸線 2 期（海老

江 JCT ～豊崎 IC)」地方負担分については街路事業として事業が実施されている。さらに国費と地方債の割合が 55：45 となっていた中で、大阪市内の他路線で大阪市が負担する分も含めて 55：45 の割合とし、最終的には高速道路部分については国費と地方債の割合は 70：30 となった。このような地方負担に関する協議も含めて時間がかかっていたのだ。

　高速道路の整備については、都市計画決定権者や指揮官を一人にしたところで、事業費の地方負担分を担えるのかどうか、国との調整も含めて相当な時間がかかるということや、当然ながら、土地の買収の問題や周辺住民への説明など、多くの要因が存在する複雑な状況の中で進められているということを正しく理解しておく必要がある。

3　なにわ筋線とおおさか東線の事業スキームを知ろう
～広域一元化をしても大阪府だけでは決められない～

　なにわ筋線に関しては、「図表 5-4」にあるように、事業主体者は、第 3 セクターの関西高速鉄道株式会社であり、出資は地方自治体の負担とともに、運行主体となる鉄道事業者の出資も求められている。それぞれの関係者の判断が必要になる。また国の鉄道路線の整備方針については、例えば、関西においては昭和 33 年に示された「都市交通審議会答申第 3 号」から平成 16 年に示された「近畿地方交通審議会答申第 8 号」まで、地方の要望を含め国として整備方針である答申として示している。特に平成 16 年の「近畿地方交通審議会答申第 8 号」では費用対効果（B /C）を重視した上で、国としての方針が示されている。この答申に入らなかったら当然ながら国からの補助金は出ない。

　このような背景を正しく知ると、大阪府、大阪市の判断だけでなにわ筋線の整備計画が決定できるわけでもなく、また出資金や補助金などの資金的な課題も大きな判断材料になっている。大阪市域内の都市計画決定権については大阪市にあり、地方負担の 1,180 億円は大阪市の負担となる。大

図表 5-4　なにわ筋線

都市計画決定権者		事業主体	事業概要	
大阪市	H31年度	■ 整備主体： 　関西高速鉄道(株) ■ 運行主体： 　西日本旅客鉄道(株) 　南海電気鉄道(株)	建設延長 事業費 新設駅 事業期間	約7.4km 約3,300億円 3駅 H31年度工事着手 H43年春開業目標

事業スキーム　整備主体（第3セクター）への補助制度	
地下高速鉄道事業補助	約3,300億円
国（補助金）	770億円
地方自治体（出資金、補助金）　府：市＝1：1	1,180億円
鉄道事業者等（出資金）	330億円
整備主体（借入金）	1,020億円

図表 5-5　おおさか東線

都市計画決定権者		事業主体	事業概要	
大阪府 ・市	H11.3	■ 整備主体： 　大阪外環状鉄道(株) ■ 運行主体： 　西日本旅客鉄道(株)	建設延長 事業費 新設駅 事業期間	約20.3km 1,243億円 9駅 H8年度〜H30年度
大阪府 ・市	H18.12 （変更）			

事業スキーム　整備主体（第3セクター）への補助制度	
幹線鉄道等活性化事業費補助	1,243億円
国（補助金）	146億円
地方自治体（出資金、補助金）	320億円
鉄道事業者等（出資金）	75億円
整備主体（借入金）地方自治体から498億円 民間から204億円	702億円

→ 府市：各41%、東大阪市12%、吹田市・八尾市：各3%

阪市としては大阪市の歳出の見通しも見ながら判断しなけらばならないが、今回は大阪府が大阪市と同じ1：1の割合で資金的な負担を負うということで、大阪市の負担も大きく減らすことができている。これは地方自治法

上の府県の３つの機能のうち「補完性の機能」を果たしたことが重要な要因であった。もし、大阪市が指定都市でなく一般市であったら、大阪市は受益者負担分しか負担する必要はなく、多くは大阪府が負担することとなる。大阪市が指定都市だったからこそ、このような大型のインフラ整備事業に取り組むことができたとも言える。

　また、「図表 5-5」のおおさか東線を見ると、大阪市域外の都市計画決定権者は大阪府、大阪市内の都市計画決定権者は大阪市であり、大阪市が指定都市であることから、大阪府と大阪市が 41％づつの地方負担分を負担している。また当該路線の区間となる市についても受益者負担分の地方負担が生じていることから、この場合は、鉄道事業者にあたる西日本旅客鉄道株式会社の判断とともに、東大阪市、吹田市、八尾市の判断も必要となる。広域一元化によって大阪府知事に指揮官を一本化したとしても、知事の判断だけで簡単に鉄道整備が進むというものではないことは、このように事業スキームなどを正しく理解すればわかってもらえるだろう。

4　地下鉄整備は大阪市が勝手に進めてきたわけではない
～国の答申に基づいて地下鉄整備は進められてきた～

　地下鉄の整備に関しては、大阪市が勝手に進めてきたようなイメージを持っている方がおられるが、ことはそれほど単純ではない。。

　この辺りのことは、平成 25 年 11 月 27 日に開催された大阪市鉄道ネットワーク審議会（第 1 回）の資料 2「大阪市の概況について」に詳しく書かれているのでそちらを引用、参考にしながら以下に述べていく。

①昭和 33 年 3 月 都市交通審議会答申第 3 号（目標年次：昭和 50 年）
　　～地下鉄は都心部を格子状に、私鉄は放射線状に、御堂筋につなげる
　　ことはこの時に決まっていた～
　この答申においては、地下鉄と私鉄との役割について明確に示されてい

る。この方針が東京の場合とは違い、その後の大阪の鉄道整備の方向性を決めたと言える。地下鉄は都心部において格子状のネットワーク整備に努めることが要請され、私鉄は都心部への延伸が許可された。私鉄は都心部へ延伸して御堂筋線に接続し、郊外から大阪の都心部に乗客を運び、都心部の移動は地下鉄が担うという機能分担が決定されたのである。

なお、これより前に出された、都市交通審議会答申第1号（昭31年）では、東京都の鉄道整備に関しては「郊外民鉄の相互直通運転を前提とした都心部の地下鉄整備」との方針が示されている。要は、東京では都市交通の整備の当初の段階から、山手線の内側は営団地下鉄（当時）が担い、私鉄は地下鉄と相互乗り入れしなけれ都心まで乗り入れることができなかったのだ。

昭和33年の時点で既に東京と大阪では地下鉄と私鉄の機能分担の方針が大きく異なっていた。

②昭和38年3月 都市交通審議会答申第7号 （目標年次：昭和50年）

3号答申の後に「予想を上回る輸送需要の伸び」「モータリゼーション進展に伴い路面交通事情の悪化」が起こり、御堂筋線の混雑対策のために、堺筋線や四つ橋線などの御堂筋線の並行路線の整備の必要性が示された。その後、大阪万博が開催された昭和45年の当初までには都心部においては、格子状ネットワークは概ね完成した。

③昭和46年12月 都市交通審議会答申第13号 （目標年次：昭和60年）
　～ドーナツ化現象への対応として、郊外の既存路線の間に地下鉄を
　延伸して混雑緩和を目指すことがこの時に決まった～

7号答申の後、ドーナツ化現象などに伴い、郊外から大阪都心部への流入人口が増大したことから、13号答申において「御堂筋線の混雑緩和を最重要課題に」「人口のドーナツ現象に対応して新線の必要性」が示された。特に、中央環状線付近にあった鉄道不便地域の解消が課題であった。既存の路線の送力増強では対応できないということで、既存の路線の間を都心

部から放射線状に地下鉄路線を延伸し整備を進めることになった。御堂筋線の中百舌鳥までの区間、谷町線の大日駅や八尾南駅までの区間、中央線の深江橋から長田までの区間、現在の鶴見緑地線などの整備がそれである。今では計画自体なくなっているが千日前線の近鉄大阪線の弥刀駅方面への延伸も計画として上がっていた。

④昭和 57 年 2 月　「大阪を中心とする鉄道網構想について」策定
～府市協調のもとで鉄道網構想を策定していた！～

　大阪の都市化の進展による人口増加などによる都市の集積に起因するデメリットへの対応が急がれる中、大阪府、大阪市、経済界などで鉄道網整備調査委員会が組織され、「大阪を中心とする鉄道網構想について」の計画が策定された。この府市連携によって定められた計画がその後の大阪都市圏の整備計画の骨格ともなっている。

　この計画が、次期の答申に反映されるように府市連携して努力がなされた。

　なお、その中で地下鉄に関しては、「図表 5-6」のように、その後の地下鉄条例路線となった 4 つの路線の原型ができている。

図表 5-6　「大阪を中心とする鉄道網構想」に基づく路線

路線名	区間	摘要
今里筋線	太子橋今市～緑橋～湯里六	市内東部地域の南北方向の鉄道サービスの向上を図る。
鶴見緑地線	鶴町～大正～長堀通～緑橋	大正区と都心とを直結するとともに、都心部の鉄道網の充実を図る。
敷津長吉線	住之江公園～長居～湯里六～喜連瓜破	市南部地域の東西方向の鉄道サービスの向上を図る。
千日前線	南巽～楽音寺方面	近鉄奈良線と大阪線にはさまれた地域の鉄道サービスの向上を図る。

（出典）第1回 大阪市鉄道ネットワーク審議会「（資料2）大阪市の概況」（平成25年11月27日）の表 2-2 を参考に筆者作成

⑤平成元年5月 運輸政策審議会答申10号（目標年次：平成17年）
「大阪を中心とする鉄道網構想について」に基づき、多くの路線がこの答申に盛り込まれている。都市集積によるデメリットである混雑緩和のための新線整備はもとより、「鉄道サービスの高度化への対応のための整備」が答申によって示された。地下鉄の答申路線に関しては、民鉄が事業主体に手をあげることがなかったことから、先の4路線については「地下鉄として整備すべき路線を条例路線として追加」されている。翌年には鶴見緑地線（京橋〜鶴見緑地）が開通し、その後、心斎橋〜京橋、大正〜心斎橋、鶴見緑地〜門真南の各延伸路線が整備された。また今里筋線についても井高野〜今里間の整備が行われた。

⑥平成16年10月 近畿地方交通審議会答申8号（目標年次：平成27年）
「中長期的に望まれる鉄道ネットワークを構成する新たな路線」が示されるとともに、バブル崩壊後の経済が低迷していたこともあり、新規路線の整備については「新たな開発需要に対応することが必要となる場合には検討を行うことが必要である」とされ、費用対効果（B/C）など投資効果についての基準などが設けられることになった。
　そのことにより、条例路線であった今里筋線の今里からの路線延伸は答申に示されたが、千日前線の南巽からの路線延伸や、敷津長吉線については答申から外されることになった。

　以上ような歴史的な経過を見ると、そもそも交通インフラの整備については、長期的な計画のもと進められてきたことがわかる。また東京の相互乗り入れとは異なって、大阪の場合は私鉄を御堂筋線につなげていくという方針のもと整備が進められてきたことを考えると、地下鉄整備も広域一元化とは全く別の次元の話として進められてきたことがよくわかる。

5　都市計画は府市がそれぞれ勝手に行っているわけではない
〜すべての計画は関連性を持ちながら作られていた〜

　都市計画については、大阪府と大阪市が別々に都市計画を考えていて、大阪府と大阪市で整合性が取れておらず、都市の発展を阻害しているかのようなイメージを持っておられる方がいる。

　大阪府には「図表 5-7」のように 4 つの都市計画区域があり、各都市計画区域のマスタープランについては、「図表 5-8」のようにその都市計画決定権者は大阪府となっていた（平成 27 年以降、大阪都市計画区域についてのマスタープランについては国の法改正により大阪市の権限となっている）。

　都市計画区域マスタープランに基づいて、様々な都市計画が決定されていくことを考えると、平成 27 年までは大阪府が都市計画決定権者であった

図表 5-7　大阪府域の都市計画区域

ことから、大阪府と大阪市において全くバラバラな計画になるということ
はありえないし、平成27年以降は大阪市が都市計画決定権者だからといっ
ても、そもそも「図表5-8」にあるように都市計画区域マスタープランは大
阪府国土利用計画をはじめ多くの計画との関連性が強いものとなっており、
バラバラになることはない。また「図表5-9」にもあるように大阪府国土利
用計画についても、全国計画である全国国土利用計画や全国国土形成計画
などとの関連性があることから、大阪府や大阪市の首長がきちんとこれら
の計画に基づいてまちづくりを行えば大阪府と大阪市が対立することもない。
　もしここで問題が出てくるとするなら、首長が政治的にこれらの計画に
従わず、自分たちのやりたい街づくりをやろうとした際に、大阪府と大阪
市の政策の不一致が起こると考えられる。社会変化に対応することは必要
であるが、それが政治的な対立を煽るような動きを生むなら、摩擦が起こ
ることになる。

図表5-8　都市計画区域マスタープランの位置づけ（他の諸計画との関係）

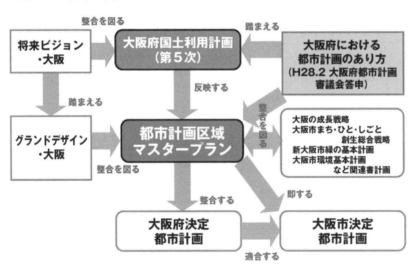

（出典）大阪市「大阪都市計画区域の整備、開発及び保全の方針（都市計画区域マスタープラン）（素案）」（令
和2年7月3日）P1を参考に筆者作成

図表 5-9　大阪府国土利用計画（第 5 次）の位置づけ

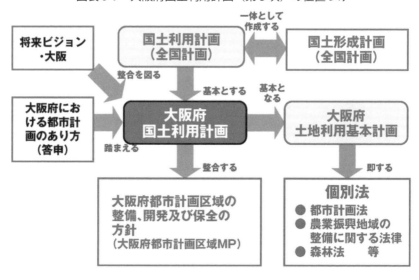

（出典）大阪府「大阪府国土利用計画（第 5 次）」（平成 29 年 3 月）P2 を参考に筆者作成

●新たな二重行政が生まれる

なお、「図表 5-10」の都市計画決定権について、「流域下水道・排水区域」が 2 つ以上の市町村にまたがる場合の都市計画決定権者は道府県になるが、大阪市の場合は指定都市であり、大阪市域がひとつの「流域下水道、排水区域」のために、結果的には全ての都市計画の権限が大阪市になる。大阪市が 4 つの特別区となった場合、東京都の例を見ればわかるが、多くの権限が大阪府の権限になり、一般の市町村がもっている用途地域の指定権限を特別区が持てなくなるため「街づくり」の視点から不安を感じる。また、道路については市道（区道）以外については大阪府が管理をし、市道（区道）については特別区が管理するということで、「新たな二重行政」が生まれることになる。

都市計画決定権について

第3回 大阪府・大阪市特別区設置協議会 資料より（2013年4月）

項目			道府県 政令市	東京都 特別区	都道府県 一般市
都市計画区域マスタープラン			道府県	都	都道府県
都市再開発方針等			政令市	都	都道府県
地域地区	用途地域		政令市	都	一般市
	特定街区		政令市	特別区 （1ha超 都）	一般市
	都市再生特別地区		政令市	都	都道府県
	臨港地区（国際戦略港湾）		政令市	都	都道府県
都市施設	道路	自動車専用道路など市道（区道）以外	政令市	都	都道府県
		市道（区道）	政令市	特別区	一般市
	都市高速鉄道		政令市	都	都道府県
	公園	10ha以上の都道府県設置公園	政令市	都	都道府県
		それ以外	政令市	特別区	一般市
	下水道	流域下水道・排水区域が2以上の市町村区域	道府県	都	都道府県
		その他	政令市	都	一般市
市街地開発事業	一定規模以上の国・都道府県施行の市街地開発事業		政令市	都	都道府県
	それ以外		政令市	特別区	一般市
地区計画等	3ha超の再開発等促進区		政令市	都	一般市
	それ以外		政令市	特別区	一般市

（例）市民が道路のことで行政に相談する場合

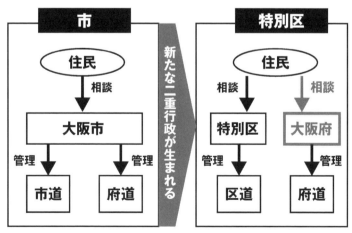

（筆者作成）

6　水道・消防は特別区になっても府域一元化されない

●水道事業は大阪都構想を実現しても広域一元化されない

　水道事業については、大阪府と大阪市で二重行政になっていると誤解している方がいる。「図表 5-11」を見ていただきたい。図の中央にある「取水・浄水」は、川などの水源から浄水場に水を導き（導水）、浄水した水を送水管で配水場まで送水する工程を担っている組織を、「配水・給水」は、配水場を管理し、配水場から配水管で給水区域まで水を送り、配水管から分岐して各家庭に水を送る給水管までを担う組織を表している。

　大阪市は完全自己水型であるが、大阪市域外では水道事業のあり方は自己水の有無や組織のあり様によって市町村によって異なっている。多くの市町村では、「取水・浄水」は当該の市町村による一部事務組合である「大

図表 5-11　水道事業について

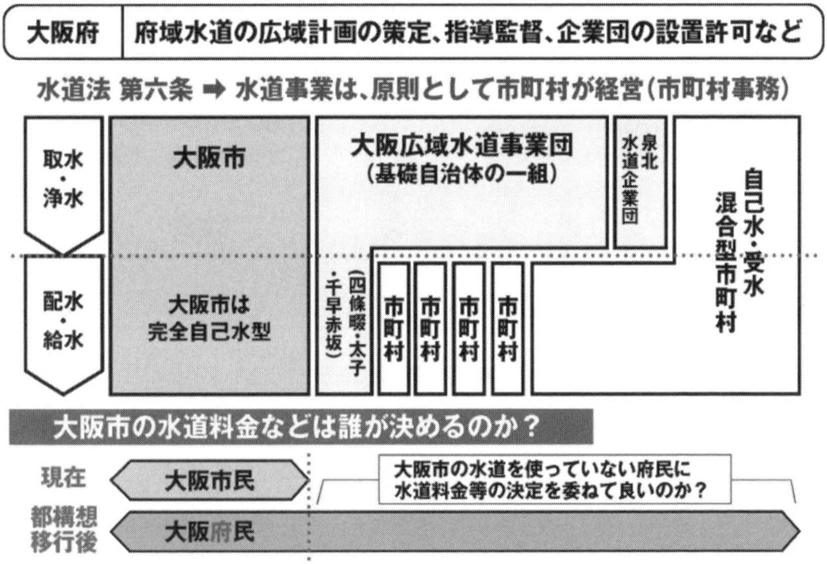

（筆者作成）

阪広域水道事業団」が担い、各市町村が「配水・給水」を担っている。なお四條畷市、太子町、千早赤坂村では、自ら「配水・給水」の事業を担うのが厳しい状況から、大阪広域水道事業団に委託をしている。また、守口市など自己水のある市町村では自己水と大阪広域水道事業団からの受水の混合型となっており、「配水・給水」については自らの自治体で担っている。

　さて、大阪府域内の水道事業の状況を見ると、様々なパターンがあることがわかる。そして、大阪都構想が実現した際には、大阪市の水道が「取水・浄水」「配水・給水」ともに大阪府に移管されるだけで、大阪市域外は何ら変わることはない。

●本来の大阪府の役割

　水道法第６条で、「水道事業は、原則として市町村が経営」とあるように市町村事務として位置付けられている。よって水道事業の大阪府域一元化については、各市町村の判断によって決まるのであって、大都市制度の問題ではないことがわかる。

　なお、大阪広域水道事業団になる前の事業を担っていた大阪府水道部の時代に、大阪市との水道統合の計画があったが、それは大阪市の「取水・浄水」の部分のみを大阪府の「取水・浄水」を統合するという内容であったため、もし実現したとしても、大阪市は「配水・給水」事業を担うことになり、大阪市域内おいては水道事業が「二重行政」ということになっていた。

　さて、大阪府の役割であるが、本来は「府域水道の広域計画の策定」「（市町村の水道事業に対する）指導監督」「企業団の設置許可」など広域的な事務を担っている。この広域的な機能をしっかり果たすことが責務であり、大阪市の水道事業という直接行政に手を出すべきではない。

●水道事業が大阪府に移管されたらどうなるのか

　大阪都構想が実現し、水道事業が大阪市から大阪府に移管されたら、大阪市だけが水道事業のエリアにもかかわらず、水道料金は大阪府民の代表

である大阪府議会で決められることになる。大阪市だけのエリアの水道の水道料金の決定に約880万大阪府民のうち、大阪市民でない約600万人の代表が関わることになる。当然、水道の民営化についても、大阪府議会での判断になる。大阪市民にとって、自分たちの水について、水道料金も民営化をするのかしないのかも自らで判断できなくなる。これで「自治」と呼べるのだろうか。これでは、まだ4特別区で一部事務組合として水道事業を実施した方が自治や自己決定権の面からベターである。自己決定権がなくなることについては、よく考えていただきたい。

7　消防事業も大阪市域限定の大阪消防庁にしかならない

消防事業については、大阪都構想を実現をしたら東京消防庁のように大阪府域を担う組織になり、ハイパーレスキューの創設もできると考えている方がいる。「図表5-12」を見てもらいたい。「市町村」というのは管轄の自治体、「消防本部」はどのような消防組織であるかを表している。

大阪市を担当しているのは大阪市消防本部。同じように多くの市町村は各市町村ごとに消防本部を持っている。

小さな自治体では、例えば守口市と門真市のように2市で一部事務組合として守口門真消防事務組合消防本部という一つの消防本部を持っている。

高石市の場合は隣接堺市に消防を委託しているので、高石市の消防署は堺市消防局高石消防署となっている。その他には、岸和田市と忠岡町のように連携ということで指令台の共同運用をしている消防本部もある。

消防組織法では、第6条で「市町村は、当該市町村の区域における消防を十分に果たすべき責任を有する。」ということで市町村事務として位置付けられている。都道府県との関係については、同法第19条で「市町村消防は、消防庁長官又は都道府県知事の管理運営又は行政管理に服することはない」となっており、国や都道府県から関与されることはない。

図表 5-12　消防について

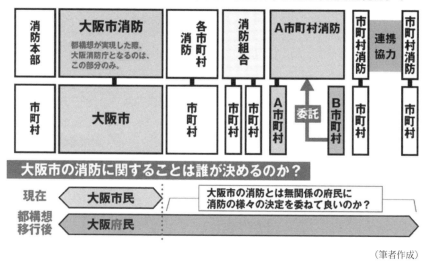

（筆者作成）

●消防の広域化について

　とはいえ、消防組織法 18 条の二において「当該都道府県と市町村との連絡及び市町村相互間の連携協調を図る」ことになっていることから、現在、大阪府としては「大阪府消防広域化推進計画」を定めて、府域内の消防の広域化を進めている。その広域化の対象市町村の組み合わせは「図表 5-13」の通りである。

　しかし、それはあくまでも各市町村がそれぞれの地域の消防体制や救急体制を整え、その上での広域化である。同法第 31 条では「広域化定義」が定められていて、「２以上の市町村が共同して事務を処理するまたは市町村が他の市町村に委託すること」となっており、そもそも都道府県域の一元化を言ってるのではない。現に「大阪府消防広域化推進計画」でも８つの

ブロックに分けた上で、それぞれの地域の状況を踏まえて広域化推進計画を定めている。

図表 5-13　大阪府域における消防広域化の対象市町村の組み合わせ

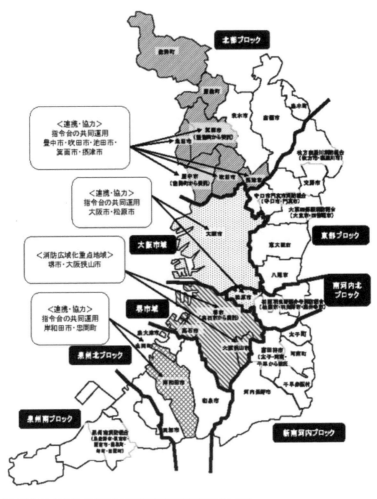

（出典）平成 31 年 3 月 大阪府「大阪府消防広域化推進計画」より

●東京消防庁について

東京都の消防は東京消防庁という名称である。東京消防庁は実質的には東京都の区域のほとんどをその担当エリアとしている。先ほどの消防組織法の条文と何かすっきりしないところがあるが、東京２３区内においては、「市町村」と書かれた部分を「都」と読み替えることになっているので、読み替えていただくとわかりやすくなる。

東京消防庁は東京２３区が管轄で、歴史的な経過の中で、多摩地域の市町村が東京消防庁に「委託」をしているのだ。「図表 5-14」を見ると、島しょ部と稲城市については東京消防庁の管轄ではなく、それぞれの市町村において消防業務を担っている。このこともしっかり知った上で、大阪の消防のことを考えなければならない。

図表 5-14　東京消防庁について

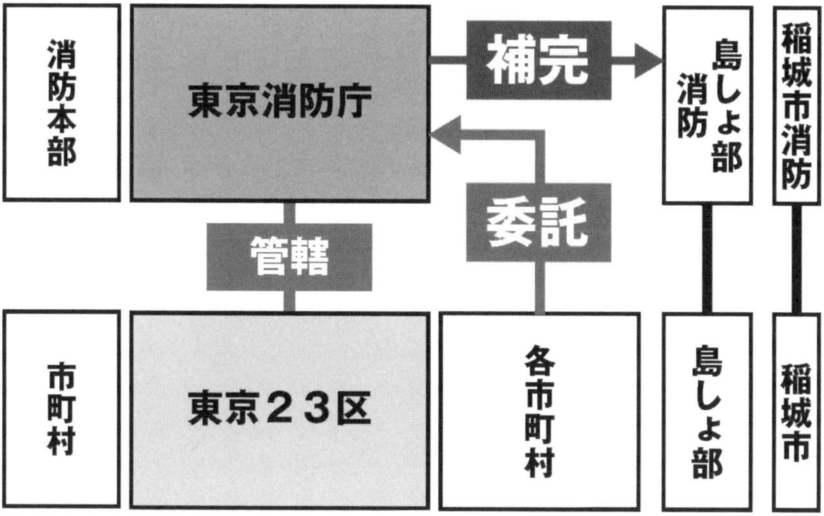

（筆者作成）

51

●消防事業が大阪府に移管されたらどうなるのか

　大阪都構想が実現し、消防事業が大阪市から大阪府に移管されたら、大阪市だけが管轄のエリアであるにもかかわらず、消防や救急体制のことについては、大阪府民の代表である大阪府議会で決められることになる。約880万大阪府民のうち、約600万人は各自治体の消防本部の管轄内に住んでおり、特別区内の消防とは何の関係もないにもかかわらず、その決定に関わることになる。これも先の水道事業と同様に、まだ4特別区で一部事務組合として消防事業を実施した方が自治や自己決定権の面から住民のためになる。自治や自己決定権という視点から、よく考えていただきたい。

第6章 大阪都構想の制度上考えられる根本的な問題

1 特別区は「村」よりも格下になる

●市町村と特別区と行政区の違いを知ろう

　大阪市の24区が4区に合区されるので効率化が進み、これまでは区長は行政マンだったが、これからは区長を選挙で選ぶことができると「誤解」されている方がいる。なぜ誤解が生まれるのか。

　それは同じ「区」と言われる、「特別区」と「行政区」の違いが正しく伝わっていないことに原因がある（賛成派としては誤解されたままの方が良いのだろうが）。

　「図表6-1」にあるように、地方自治体には「広域」自治体と「基礎」自治体とがある。広域自治体にあたるものは「都道府県」、基礎自治体にあたるものは「市・町・村」と「特別区」である。ここでもわかるように、比べるべきは「市町村」と「特別区」であって、「行政区」と「特別区」ではない。

　それでは「行政区」とは何なのか。地方自治法の第252条の19に「大都市に関する特例」として「指定都市」の規定があり、第252条の20に「区の設置」について規定されている。その規定は「指定都市は、市長の権

限に属する事務を分掌させるため、条例で、その区域を分けて区を設ける」というもので、これが政令指定都市における「行政区」である。あくまでも指定都市の内部組織というわけだ。くれぐれも「市町村」「特別区」「行政区」の違いを理解していただきたい。

　なお、都道府県や市町村は地方自治法上、普通地方公共団体とされ、特別区は特別地方公共団体とされる。東京都の例でもわかるのだが、東京の特別区は昭和27年から昭和49年まで区長公選制度が廃止され、東京都の内部組織として扱われていた時期がある。そういう意味で普通ではなく「特別」な地方公共団体ということである。参考までに特別地方公共団体には他に一部事務組合や財産区などがある。

図表6-1　地方自治体の種類

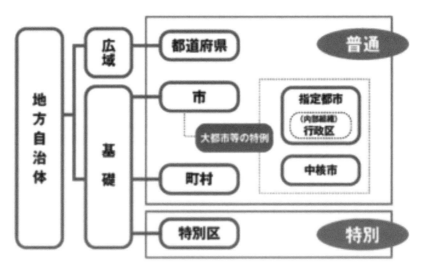

（出典）公益変更財団法人 特別区協議会「特別区ものしりガイド『東京23区のしくみ』」のＰ１を一部変更を加え筆者作成

●指定都市と特別区の権限と税財源の違いを知ろう

　権限と財源についても、指定都市と特別区では大きな違いが出てくる。
　まず「権限」であるが、「図表6-2」にあるように、権限に関しては、事務配分を見てもらうとわかるように、「指定都市」は都道府県の権限の多くを担っている。これは先ほど説明した「大都市に関する特例」の中でその事務が都道府県から指定都市に権限移譲されているのだ。東京都の「特別区」の場合は、大都市地域の一体性と統一性の確保という趣旨から、市町村事務である水道・消防などの事務や都市計画に関する権限が都の事務となっている。また東京においても都道府県の事務である保健所の設置等は特別区に、大阪では協定書によると特別区が児童相談所を設置するなど、特別区に権限移譲が可能なことから、図のように境界が斜めになっている。一般の市町村が住民の暮らしに密着している事務として担う水道・消防の事務やまちづくりの権限を、特別区は持っていないことになる。

図表6-2　自治体の権限と財源

（筆者作成）

　次に「財源」を見ると、権限に関して都道府県の事務を権限移譲されている指定都市であっても中核市であっても、基本は市町村税を税財源としている。しかし、特別区の場合は、本来は市町村の自主財源である市町村税のうち、調整3税といって、固定資産税、法人市民税、特別土地保有税が都税として都の財源になる。そして、調整3税を財源とする財政調整財源の中から、一定の配分で都から特別区へと交付されることになる。

　「図表6-3」のように、大阪市の場合は歳入に占める市税の割合は75%であるが、特別区となった場合には、本来は市税である固定資産税、法人市民税、特別土地保有税が府税となることから、区に残る税（区税）が歳入に占める割合は26%となり、金額ベースで見た場合には、約5,000億円程度減ってしまう。

　特別区税の合計は1,748億円、単純に4つの区で割ると、1特別区あたり約440億円の税収となる。隣接する中核市である東大阪市の令和2年度

図表6-3　歳入に占める税の割合

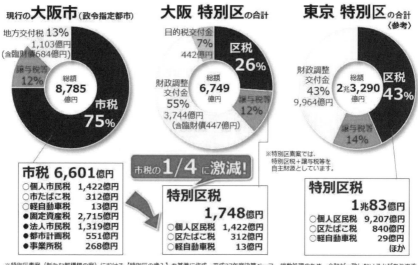

※特別区素案（新たな都構想の案）における【特別区の歳入】を基準に作成。平成27年度決算ベース。端数処理のため、合計が一致しないことがあります。

平成30年2月14日 大都市・税財政制度特別委員会 自民党・市民クラブ大阪市会議員団提示パネル

の当初予算での市税収入の見込みは約780億円となっている。東大阪市の人口は約50万人、人口約275万人の大阪市を単純に4つに分けるとすると、特別区の平均は約70万人になり、比較すると税収が明らかに少なすぎることがわかる。結局は、財政的には大阪府に依存せざるを得なくなり、これで本当に基礎自治体として区民（市民）に対して行政としての責任を果たせるのかどうかしっかりと考えていただきたい。

2 「都道府県」と「市町村」の役割は異なる

　大阪都構想に関する議論を見ていると、地方自治法で整理済みの都道府県と市町村の機能の整理が大阪府と大阪市の役割については、できていないように感じる。さらに言えば、大阪府が都道府県の役割の中にある広域的な機能よりも、大阪市のやっている「事業」をやりたくて仕方がないように見える。例えば、病院、港湾、大学、水道、消防などの事業である。事業を行うということは、それだけリスクを伴うということである。大阪府民はそのようなことを求めているのだろうか。ここでは地方自治法の原点に立ち戻って、都道府県と市町村の役割について見ていく。

●地方自治法によれば…
「図表6-4」と「図表6-5」は都道府県と市町村および都と特別区の役割分担を地方自治法に基づいて整理したものである。東京都に行政視察に行った際に東京都の財政課から入手した資料「都区制度について」に掲載されていた図を参考にして作ったものである。
「図表6-4」にあるように、地方自治法第2条の第5項に都道府県の役割は広域機能、連絡調整機能、補完の機能と定められている。広域機能とは、広域にわたるものということで、2以上の市町村にまたがるものや、公害問題や環境問題など市町村の境界とは関係ないものに対するもの。連絡調整機能とは、国と市町村との間での連絡調整や市町村間の連絡調整に関す

図表6-4　一般的な都道府県と市町村の関係　（地方自治法第2条）

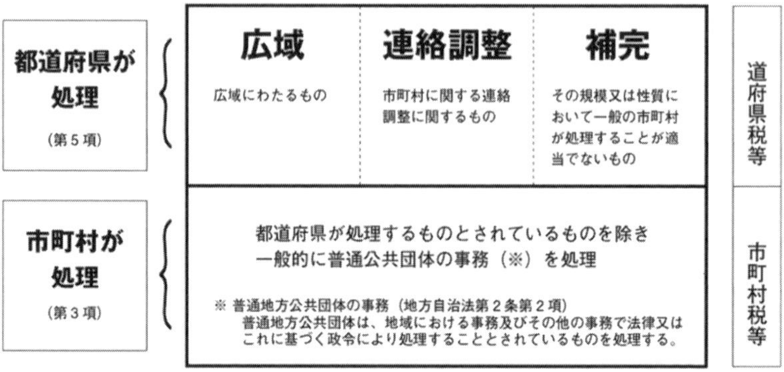

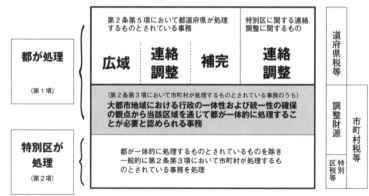

（東京都への視察の際に配布された「都区制度について」の冊子より抜粋し川嶋が作成）

るもの。補完の機能とは、規模や性質から見て市町村で処理することができないもの。このように定められており、これらの都道府県が処理するものと言われているものを除いては市町村が処理するものとされている。

　さて、これが都と特別区の関係ではどうなるのかということだが、「図表6-5」の中段あたりにある「大都市地域における行政の一体性及び統一性の確保の観点から当該区域を通じて都が一体的に処理することが必要

図表6-5　都と特別区の関係　（地方自治法第281条の2）

（東京都への視察の際に配布された「都区制度について」の冊子より抜粋し川嶋が作成）

と認められるもの」の部分を見てもらいたい。法律的に市町村事務とされている水道、下水、消防などの事務がこれにあたるが、これは歴史的経過を踏まえた結果である。かつて東京市が担っていたものが、昭和18年に都区制度へと移行した際に東京都の事務となった。戦後、地方自治法が制定された際に、それらの事務を東京都がすでに一体的に処理していた実態があったことから、法律もこれを追認し、東京23区においては一体性や統一性が求められるという理屈づけをしたのである。大阪市の場合は都区制度の歴史的経過ではなく、今回の大阪都構想の中で大阪府に移管させ、府域一元化を目指すというものである。しかし、先に述べたが大阪都構想になっても府域一元化は実現されず、大阪市域を対象とした事業のままであるのだから、大阪市域の住民による「自治」をどう担保するかを考えるべきである。そうなると、大阪府ではなく一部事務組合の事業にする方がベターな選択になるのではないか。

　東京都では、水道、下水、消防などの市町村事務が一体性・統一性の確保という名目で都の事務とされ、市町村税である固定資産税・法人市民税などの調整3税が都税とされた。東京都と特別区には、都区財政調整制度という制度がおかれ、調整財源の一定割合が特別区に配分されている。

　次に「図表6-6」のように現状では、大阪市は政令指定都市として府県の仕事を政令に基づいて大都市特例事務として担っている。その財源には譲与税などであるが、明らかに財源が不足しているので、市町村税で補てんしている。

　ちなみに、本来は何らかの財源が措置されるべき額（道府県税で負担すべき額）としては、「図表6-7」のように約330億円になる。しかし、大阪都構想の制度設計では、大都市特例事務に市町村税を充当していたことから、市町村税を財政調整財源として大阪府に配分することになっている。その他の任意事務についても、大阪府において実施するにもかかわらず、財源が大阪市から大阪府に渡されることになる。本来は府県の仕事であるのだから、府県に事務が移管される以上は、都道府県税を財源に充てるべきである。

図表 6-6　大阪府と大阪市との関係

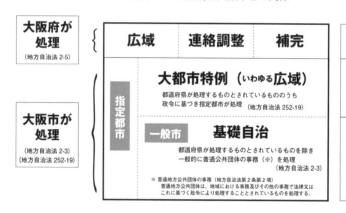

(筆者作成)

図表 6-7　大阪市特例事務にかかる税制上の措置不足

(筆者作成)

3　二重行政について

　二重行政については、横浜市「横浜自治市」のパンフレットによれば「図表6-8」のように「重複型」「分担型」「関与型」などの種類がある。多くの市民がイメージしているのは「重複型」である。「重複型」については、例えば施設を例にとればその稼働率が低ければ二重行政の無駄といえるだろうが、稼働率が高い場合は二重行政とは呼べない。また中小企業支援などの施策についても、指定都市と道府県では目的や目指す効果の目標についても異なる場合が多いことも考えると、一概に二重行政とはいえない。

　もし二重行政があるということなら、地方自治の基本原則でもある「基礎自治体優先の原則」に立ち戻って解決すれば済むことである。要は、同種の権限や事務については「市」に一元化するということである。市に一元化することで、市民の身近な場所できめ細かな行政サービスを提供する

図表6-8　二重行政

非効率な二重行政がある場合、「基礎自治体優先の原則」を踏まえ、同種の事務・権限を「市」に一元化し、二重行政を解消することで、市民の身近な場所で、きめ細かな行政サービスを提供できます。

重複型	広域自治体と基礎自治体が同一の公共施設を整備	公共住宅／図書館／博物館／体育館／プール
	広域自治体と基礎自治体が同一の施策を実施	助成等 中小企業支援 商店街振興 制度等 地球温暖化対策 環境教育
分担型	同一又は類似の行政分野で広域自治体と基礎自治体に事務・権限が分断	河川管理／県費負担教職員（給与負担・任免など）／医療計画／保健所・幼稚園／職業訓練・紹介
関与型	基礎自治体の事務処理に広域自治体の関与等が存在	農地転用許可（4ha以下）に係る市農業委員会と県農業会議の事務

※ 県費負担教職員は2017年に政令指定都市に移譲

第30次地方制度調査会第14回専門小委員会資料をもとに作成された横浜市「横浜自治市（広報冊子）」（平成29年4月発行・第5版）をもとに作成。

ことが可能になる。

　また、先の都市計画関係の項目のところでも指摘したが、道路に関する行政が大阪市であれば、市道も府道も大阪市が管理しているが、大阪都構想は実現すると、区道は特別区が、府道は大阪府が管理することになり、同一の地域内で事務や権限が分断され、新たな二重行政を生む事例も出てくる。

4　地方交付税制度を知れば「茨の道」であることがわかる

　大阪都構想の是非を考える上で最も重要な要素は、地方交付税制度上、どのような問題が起こるかということである。とても難しい内容ではあるが、ここを理解することなく、大阪都構想に賛成してしまったら、明らかに後悔することになるのでしっかり考えていただきたい。

●地方交付税制度の概要
　総務省「地方交付税制度の概要」を見ると、地方交付税制度は、「地方自治体間の財源の不均衡を調整し、どの地域に住む国民にも一定の行政サービスを提供できるよう財源を保障するためのもの」と書かれている。どこの自治体も国民に一定の行政サービスを提供できるよう、要は国民からいえば、どこに住んでも最低限の行政サービスが受けられる（ナショナルミニマム）ための制度である。地方交付税の税額の計算の方法は「図表 6-9」の通りである。

　まず各自治体は「基準財政需要額」と「基準財政収入額」を算定し、その差額である「財政不足額」を算定する。この「財政不足額」について国が地方交付税の「普通交付税」として各地方自治体に交付するというものである。

　「基準財政需要額」は、法定の単位費用に各自治体の人口や面積などの測定単位を掛けて、さらに「自治体の各地方団体の人口規模、人口密度、都

図表6-9　普通交付税の仕組み

普通交付税の額の決定方法：

各団体ごとの普通交付税額 ＝ （ 基準財政需要額 － 基準財政収入額 ） ＝ 財源不足額
基準財政需要額 ＝ 単位費用（法定） × 測定単位（国調人口等） × 補正係数（寒冷補正等）
基準財政収入額 ＝ 標準的税収入見込額 × 　基準税率（７５％）

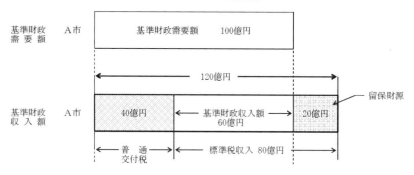

出典）総務省「地方交付税制度の概要」より

市化の程度、気象条件等の違いなど」を勘案した補正係数を掛けて算出する。
　「基準財政収入額」は、標準的税収入に 75％ を掛けて算出する。なお、残りの 25％ 分は「留保財源」と言われるが、もし標準税収入の全額を基準財政収入額としたら、各自治体がいくら努力して税収をあげても、地方交付税額が減らされるだけとなり意欲を失いかねないことから、全額ではなく、75％ だけが算入されている。

●特別区になったら他市町村並みの交付税がもらえなくなる
　都区制度の場合には 4 つの特別区の普通交付税額については、個別に算定されるのではなく、地方交付税における都の特例というものが適用される。都の特例を適用されると「都全域を道府県とみなし、特別区全域を一つの市とみなして、合算して算定する」という「合算算定方式」が取られることになる。

　特別区一つ一つで基準財政需要額が算定されるとその合計額は特別区全域を一つの市とみなして算定した場合より増える。しかし国の地方交付税の財源に限りがあるので、大阪市が4つに分割されることで、基準財政需要額が増えると、全国の市町村の交付税額に影響を及ぼすことになる。そのため他の市町村に影響を与えないために合算算定方式が取られるのである。

　このことについては、第3章の2（22頁）で紹介した議論の中でも、「一つの市を特別区に分割する場合、理論的には基準財政需要額は増加するため、仮に地方交付税の所要額を変えないように帳尻を合わせるには、特別区の基準財政需要額の水準を切り下げることが必要となる。地方交付税の交付団体である大阪において、基礎的な地方公共団体として特別区を設置する際には、このようなことが許容されるのかが問題となるのではないか」と指摘されている。当然の見解である。

　このような議論を踏まえた結果、第30次地方制度調査会答申「大都市制度の改革及び基礎自治体の行政サービス提供体制に関する答申」（2013年6月25日）において、「道府県における特別区設置によって、国や他の地方公共団体の財政に影響が生じないよう特に留意すべきである」と国などへの影響について懸念が示されたのである。

　地方交付税制度において他の市町村なら保障される額が、特別区には保障されないことは明らかになった。この点を知れば、地方交付税の交付団体が都区制度を採用し特別区を設置することは、無茶なことだということがわかる。ちなみに東京都は税収の豊かな富裕団体で、一貫して地方交付税不交付団体（基準財政収入額が基準財政需要額を上回っている）である。

　●子供への仕送りに例えてわかりやすく説明すると…
　大学生の息子1人に仕送りする場合の仕送り額を「地方交付税」と考えてその計算方法を見ていただきたい。
　ここで仕送りの約束事（地方交付税制度のルール）として、**図表6-10の表**

にあるように学費、家賃、光熱水道費、携帯電話代、食費、衣服費、定期代、書籍代がこの程度なければの生活できないということで、「親としては、基本支出に対して上限として年間200万円を約束する」ことにする。なお基本支出の内訳は、「実額」ではなく必要額の「基準額」（基準財政需要額）としておく。

　しかし、親として年間200万円の仕送りは厳しいので息子にはバイトをしてもらうことにする。バイト代の全額を年間200万円の仕送り額から引くとなると息子がバイトをする気にならないので、バイト代の75％を年間200万円から引くことにする（標準税収入×75％）。

　残りの25％は息子の小遣いになるし、小遣いを増やしたかったら、バイトを増やせば良いことになる。また基本支出を減らす努力をしでも小遣いが増えるということになる。家賃を少しでも減らすために狭い部屋に引っ越しをすることも、食費を減らすために自炊に励むなどで小遣いを増やすことができるのである。

図表6-10　東京に住む大学生の息子1人への仕送りをいくらにするか？

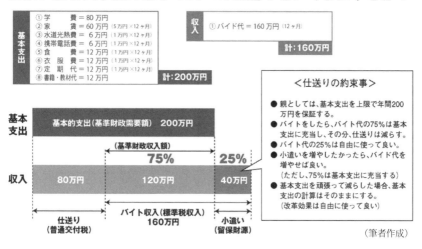

（筆者作成）

　さて、息子が年間160万円のバイト代（実額）の収入があった場合で考えると、基本支出の年間200万円から基準財政収入額にあたる　120万円（バイト代160万円×75％）を差し引くと80万円になり、仕送り額（地方交付税額）は80万円、息子の小遣い（留保財源）は40万円となる。

　以上が地方交付税制度の説明であるが、次に、長男だけでなく次男も東京の大学に行くとなると、親としては当然、2人で一緒に住んでもらいたいとなる。その時にどれだけの仕送りをするかを考えることにする。

　当然、先ほどの仕送りの基本的支出は保証することにしないといけないが、2人で一緒に住むのだから、当然、費目によっては2倍にする必要がないものがある。家賃、光熱水道費、食費が該当する。これらを1.5倍で計算することにする。その考え方を取り入れて、基本支出を計算すると「図表6-11」のように年間361万円になる。息子2人とも年間160万円のバイト代（実額）の収入があった場合で考えると、2人で年間320万円の

図表6-11　東京に住む大学生の息子2人への仕送りをいくらにするか？

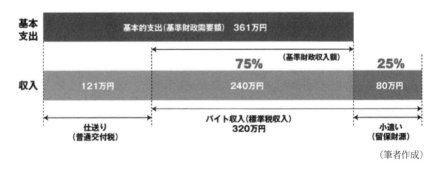

（筆者作成）

収入となる。先程の例と同じように仕送り額を計算すると、「図表6-11」のように年間121万円の仕送りになる。

●これが「茨の道」と言われる理由（この例から読み取れること）
　さて、もし息子たちが一人づつで住むと、先の「図表6-10」の年間80万円の仕送りが倍になり年間160万円の仕送りになってしまう。当然、親としたらそんなことは認めないし、2人で住むことを前提に仕送り額を決める。
　どうしても、別々に住むなら、それは兄弟の勝手なので、親としては年間80万円ずつではなく、年間60万5千円しか仕送りをしないということになる。
　今の大阪市に対する地方交付税額は、この例の兄弟が二人一緒に住む前提での仕送り額（年間121万円）ということになる。そして特別区になった場合には、この例の兄弟が別々に住む前提での仕送り額ではなく、二人一緒に住む場合の仕送り額（年間121万円）だけになる。このようなことが、今回の大阪都構想を実現すると起こる一番重要な問題なのである。
　4つの特別になった場合に、本来なら増えるはずの地方交付税額（4特別区合計額）は我々で試算したところ年間約200億円になることがわかった。単純に4特別区で割ると、1特別区あたり約50億円の交付税額の措置不足が起きることになるのだ。イメージで示すと、「図表6-12」のようになり、特別区は4つの特別区で一つの自治体としての財政需要しか保証されない（一つ一つの特別区としての財政需要は保証されない）。この「図表6-12」に書いていることが、なぜ「茨の道」になるのかということを最も端的に示している。
　なお、この計算に対して、法定協議会などで大阪維新の会からは「府市合算方式によって基準財政需要額が増えるものもある」ということで我々が措置不足額の試算額とした約200億円という数字に対して反論をしてきた。我々はそのことも含めて、基準財政需要額の算定根拠を示して欲しい、

図表6-12　本来もらえる地方交付税がもらえない

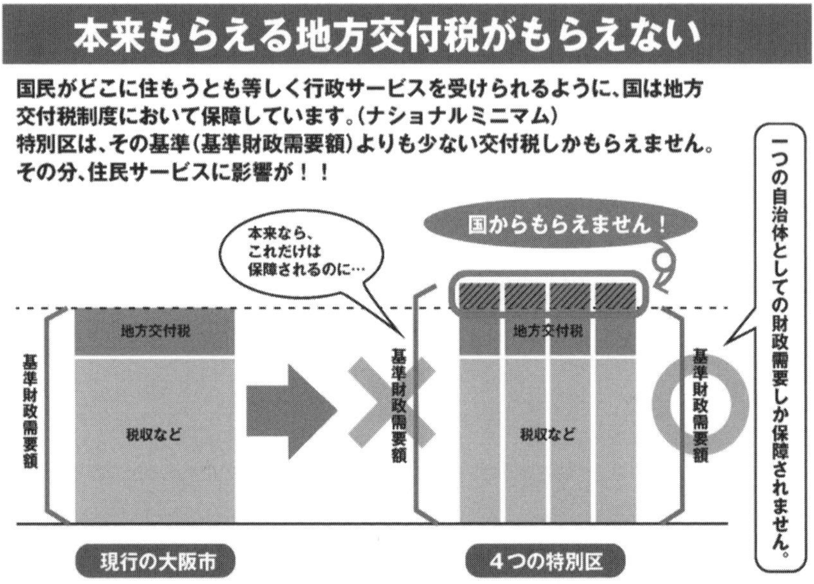

（筆者作成）

その根拠に基づいて各特別区の基準財政需要額を算出して欲しいと要望を
し続けてきたが、知事、市長から事務方へ指示することはなかった。だか
らこそ、私たちの指摘が正しいとの思いが強くなったのである。

●東京都と比較をしてみると…
　イメージ的に東京都の特別区と大阪の特別区を、地方交付税制度で保証
されている基準財政需要額を基にして比較した場合、歳入がどの程度異な
るのかを考える。
　「図表6-13」を見て欲しい。基準財政需要額が同じ規模の特別区同士を比
較するイメージの図である。なお、特別区には直接国から地方交付税が交
付されず、東京都と大阪府から同等のものを「財政調整財源」として交付
されるので、読み替えて欲しい。

国基準の基準財政需要額に対して、大阪の特別区の場合は、先ほどの指摘したように、府市合算方式によるスケールデメリット分がマイナスとなることから、交付税にかわる財政調整財源は、本来もらえる額より少なくなる。

　実はここで２つ問題が発生することを述べておく。１つ目として、まず留保財源が標準的税収入の25％ではなく特別区の場合は法律的に15％になるのだ。２つ目としては、大阪の特別区では市町村税のうち固定資産税などの調整３税が都税として大阪府に入ることから、特別区の税収は実質的には約４分の１になることは先に指摘したが、そもそもの標準的税収入が約４分の１になることから、留保財源はほとんどない。

　さて、東京都の場合は、地方交付税の不交付団体であることから、国基準よりも基準財政需要額が高くなるように設定されている。その分が基準財政需要額に「東京都からの上乗せ分」として加算される。さらには、留

図表6-13　大阪の特別区と東京の特別区の財源の差

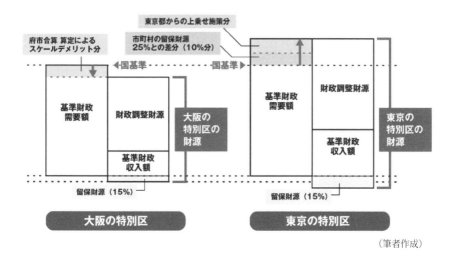

（筆者作成）

保財源が 15％と法律で定められていることから、一般市町村との差額である 10％分については、基準財政需要額に含めて、実質的に 25％となるように設計されている。

　国基準の基準財政需要額を同じ程度としたイメージで作った図であるが、明らかに大阪は東京都の特別区の財源より少なくなることがわかる。

　この地方交付税制度の根本的な問題点を理解すると、現在大阪市において実施している住民サービスが特別区になっても維持されるということは、「ありえない」ということがわかるはずだ。

　特に大阪市が独自施策として実施している住民サービスは維持すると賛成派は主張しているが、その財政的根拠は乏しいと言わざるを得ない。

第7章　協定書、特別区制度案から 見えてきた主な問題点

1　特別区設置に伴って膨大なコストがかかる

図表 7-1　特別区設置に伴うコスト

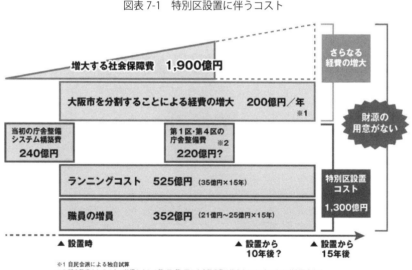

「図表 7-1」のように特別区設置に伴うコストは、特別区設置から 15 年間で少なくとも 1300 億円の新たな負担が発生すると考えている。

　特別区設置にかかるコストについてはそのイニシャルコストとして当初の庁舎整備費やシステム構築費に約 240 億円。新淀川区と新天王寺区の庁舎整備をしないということになっているが、特別区移行後には自治体の区域の外に庁舎があるなどという鹿児島県の離島でしかあり得ないようなことが許されるわけはなく、両特別区の庁舎整備費が必要になるはずだ。その費用を当初の特別区素案で庁舎整備をする前提で試算された庁舎コストから独自に算定すると約 220 億円が必要になる。また、ランニングコストや職員体制（人員増分）についても特別区素案のランニングコストに 1 人あたり面積の修正等を反映させて独自に試算するとともに、特別区設置財政シミュレーションの組織体制の影響額（歳出増）の累計などから試算した。

　そのほかに、「大阪市を分割することによる経費の増大」については地方交付税制度のところで指摘している基準財政需要額が府市合算方式によって不足する部分である。結局はその分の経費は増大にするにもかかわらず、算定されていないということである。

　その結果が「図表 7-1」の数字であるが、これらのコストについては財源が何ら用意されていないのである。この負担は、各特別区が負担することになるため、住民サービスを削減するなどでその費用を捻出しなければならなくなる。相当厳しい財政運営を強いられることになるだろう。

2　都区制度における「財政調整制度」って複雑すぎる！

　財政調整制度は、都区制度における重要な論点となる。しかし、大変難しい部分でもある。ここでは詳しくは述べないが、「図表 7-2」にあるように、現在の大阪市の歳出をベースにして、「（A）特別区の事務」「（B）大阪府の事務」とに分け、それに伴う歳入を分けていくと、「（C）特別区の自主財源など」と「（D）大阪府への移転財源」のほかに（E）（F）の部分をどう配分するかが大きな課題となる。この（E）（F）の部分の財源としては「（G）必要財政調整額」である法人市民税、固定資産税などの調整 3 税と地方交

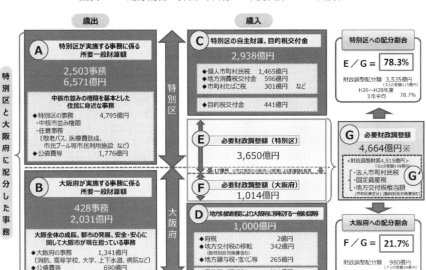

図表 7-2　配分割合の算出（平成 28 年度決算ベース試算）

※必要財政調整額（G）と財政調整財源（G'）の差額が生じ、不足額がある場合は、配分割合に応じて特別区と府で行財政改革等の対応が必要。余剰額がある場合は、財源として活用が可能（H28決算では不足額149億円：うち特別区が98億円、大阪府分51億円）

財政-１4

（出典）令和元年 12 月 26 日法定協議会資料「特別区制度（案）財政調整」より

付税相当額を特別区と大阪府に配分することになる。

　この財政調整制度について、お金の流れだけをシンプルにかいたものが次頁「図表 7-3」の右側になる。国からの地方交付税は大阪府に府市合算方式で大阪府に交付される。また特別区民が収める市町村税も、特別区に収めるものと、調整 3 税として府税となり大阪府に納められるものとに分かれる。その後は財政調整交付金として、国からの交付税と府税である調整 3 税の中から府条例によって定められて配分比率に応じて交付されるのである。明らかに、今までなら国からの交付税や市町村税は左側のようにシンプルな流れになっていたものが、右側のような複雑な流れになる。しかし明らかなことは、特別区の財政については、大阪府依存することになるということだ。自立した自治体と呼べなくなると言っても過言ではない。

　また財政調整制度については、「図表 7-4」のように大阪府と特別区の垂直的な財政調整の配分を定めただけであって、特別区間の水平的な配分に

図表 7-3　府税・市税・交付税などの流れ

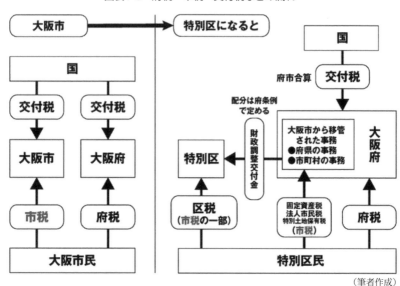

（筆者作成）

図表 7-4　特別区間の財政調整はできるのか？

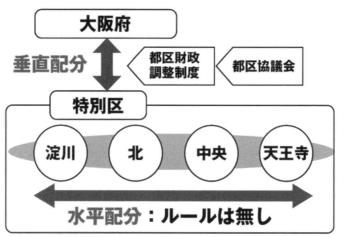

（筆者作成）

ついては実は何も定めていない。水平的な配分に必要なものは、地方交付税制度の際に計算される基準財政需要額の算定基準に基づいた、大阪の都区制度の独自の基準財政需要額の算定基準である。これが作成されなければ水平的な配分が実質的に不可能になるだろう。

　行政側としては、現行の地方交付税制度に基づいて算定する大阪市としての基準財政需要額を測定値で分ければ良いというだろう。しかし、それでは地方交付税制度のところでも述べているが、相当の措置不足と、留保財源不足が生じることになり、予算が組めないという状況に陥る可能性がある。このことを法定協議会で検証すべきと主張し続けてきたが、まったく聞き入れられなかった。

3　特別区民だけ税の二重払いが起きる

　広域一元化が行われるということは、その事業は、大阪市が担う事業ではなく、大阪府が担う事業になるということである。大阪府が担う事業である以上は、当然、大阪府民全体の税負担の中でその事業は進められるべきである。

　例えば「図表7-5」にあるように現在、大阪市が管理している5大規模公園（大阪城公園、長居公園、鶴見緑地公園、難波宮跡公園、天王寺公園）について見てみる。

　まず、図の左側を見てもらいたい。大阪市が管理している現在は、大阪市民が納めている市町村税をその財源として充てている。服部緑地公園や久宝寺緑地公園などの大阪府が管理している公園については、大阪府民が納めている道府県税をその財源として充てている。大阪市民は市民としては大阪市税を納め、府民としては大阪府税を納めており、それぞれが大阪市の関する公園、大阪府の管理する公園に充てられている。

　しかし、大阪都構想が実現すると、市町村税のうち固定資産税などの調整3税が府税となり大阪府に納められ、調整3税は財政調整財源に入れら

図表 7-5　特別区民だけが税の二重負担を強いられる！？

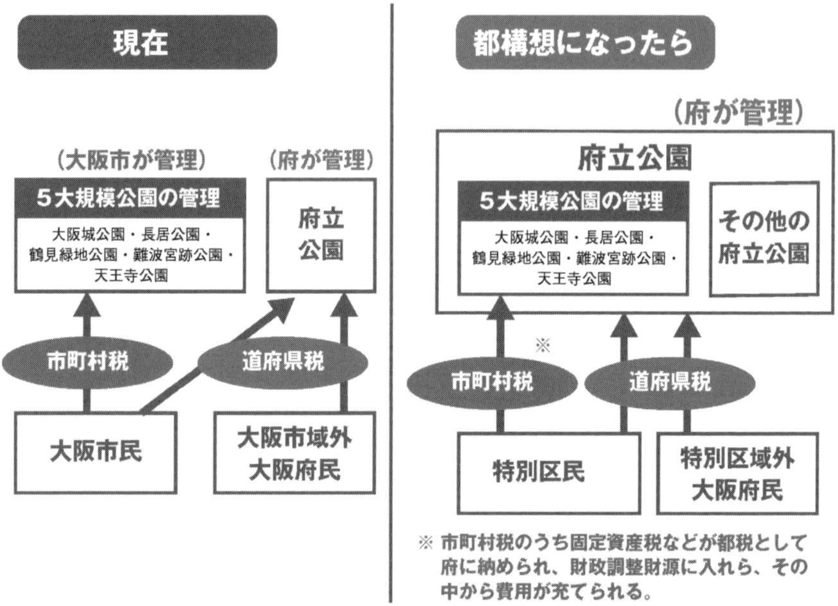

（筆者作成）

れて大阪府と特別区に配分されるが、さらに加えて図の右側のように、特別区民が納める市町村税が大阪府の事務に充てられることになる。

　広域事業への税負担は、他の府内市町村民は、府民税のみの負担となるにもかかわらず、特別区民になった途端に、同じ府民なのに府民税と市民税の両方を負担することになり、特別区民に不公平となる。結局は、特別区民は、他の府下市町村の住民に比べて、過重負担（税の二重負担）を強いられるにもかかわらず、事業に係る決定は、大阪府が行うため、特別区民には自己決定権がないということになる。

4 大阪市民が築いた財産の活用益をなぜ大阪府民で分けるのか

「図表7-6」にも記載しているが、「市民は府民」という言葉で、知らぬ間に「市民のものは府民のもの」と思っている市民が多くいる。

図表 7-6 「市民のもの」は「府民のもの」なのか？

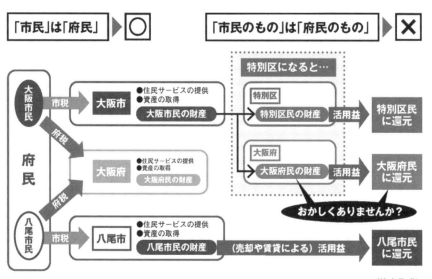

（筆者作成）

　大阪市の財産は、大阪市民が自らの税金等で築いてきた貴重な資産であることから、大阪府に移転する資産は、本来、特別区民の資産であり、将来の貴重な財源であるのだ。

　大阪府への事務事業の移管に当たって、事業に必要な資産（土地・建物等）については、府に所有権を移管するのではなく、特別区に所有権を残して、大阪府に事業期間中だけ無償貸与するという方法を取るべきである。

　実は、大阪市内の警察署の土地は大阪市の所有になっている。かつては大阪市警であった時代があり、大阪市民の税金で取得された土地であった

ことから、警察が都道府県警本部となり大阪府に統合された際でも、その土地は大阪市の所有となったままなのである。警察署用地として不要となった場合には、大阪市に返還されて、活用益については大阪市民に還元される。

　ちなみに、国や自治体では、資産の無償譲渡は例外的な取扱いとなっており、事業の実施にあたって、使用権の付与で足りる場合には、必ずしも所有権の無償譲渡を行うものではないとされていることも紹介しておく。（参考：（『国有財産法精解』（一般財団法人大蔵財務協会、『逐条地方自治法』第9次改訂版）

5　特別区の区域内に特別区の職員がいない特別区の問題

図表7-7　4特別区の本庁職員の配置数

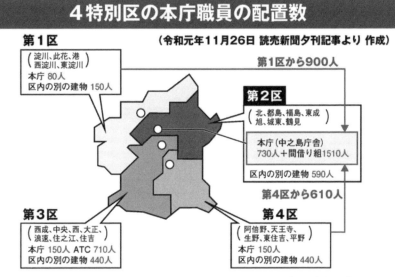

（筆者作成）

　「図表7-7」を見ると新淀川区（第1区）では庁舎不足から900人の職員を新北区（第2区）に、新天王寺区（第4区）でも庁舎不足から610人の

職員が新北区（第２区）に間借りしなければならないという状況が生まれる。これほどの職員が他の自治体の庁舎に間借りするなどあり得ない。

6　絶対に不足する職員数

図表 7-8　特別区（４区Ｂ案）の必要職員数

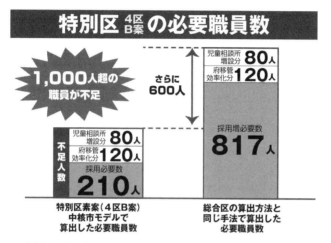

特別区になったら410人の人員が不足すると言われていますが、
実際は1000人超の人員不足が予想される。
これで住民サービスを維持できるのでしょうか。

（出典）法定協議会で川嶋が提出した資料より

「図表 7-8」にあるように、特別区案では、特別区に移行された際に、採用必要数 210 人、府移管効率化分で 120 人、児童相談所増設分の 80 人と合わせ、410 人不足すると書かれている。児童相談所については現在４箇所目の設置を進めているので、特別区となった際には職員数は 330 人不足すると示されている。

　しかしながら、特別区の職員数算定に当たって、大阪市で現在実施されている事務を反映したものはわずかに過ぎず、近隣中核市の職員数をベースに算定された机上の数字に過ぎず、現在の住民サービスを維持するため

には、さらなる職員数の増大が必要と思われる。

　この点は、大阪市の人事室から提出された、平成30年12月6日付けで「特別区設置に係る『組織体制（部課別職員数）』に対する人事室意見」において「4分割によりスケールメリットが失われる事務、特別区間で偏在が生じる事務、大阪市の特性を考慮する必要がある事務などについて、十分な検討がなされたのか」という懸念が示されている。にもかかわらず、いくら指摘をしても、例えば市会事務局など我々の目から見て明らかにおかしいことがわかるが部分に関しては修正を加えたが、トータルで特別区案で算定された職員総数の範囲内での微修正にとどまり、結局は抜本的な検証が行われていないこともわかった。

　我々は、法定協議会で総合区素案の議論があった際に示された組織を統合する際の職員数の集約率から、逆算する形で分散率を算定し、その分散率を使ってざっくりと特別区になった際の職員数を試算した。その結果、図の右側にあるように、約1,000人の人員不足が生じることがわかった。この案のまま進んだ場合、特別区への移行時から人員不足が生じる可能性が高いことから、行政サービスの低下は避けがたいと考えている。

7　地域自治区事務所を区役所と呼ぶようだが…

　24区の行政区については、24の地域自治区として大阪市の行政区としての区役所の機能を残し、住民サービスを維持するということである。しかし「図表7-9」のように、現在の区役所は「内部事務・企画」と「窓口サービス」の事務を担っているが、特別区に移行後は、特別区内の地域自治区事務所となる。しかし、名前は「区役所」と呼ぶことにするようだが、その特別区の「区役所」は、申請・交付、健診等の窓口機能を担うに過ぎない上に、現在の区役所と比較すると1,000人を超える職員が減少する。加えて、防災拠点としての機能や企画機能など重要な機能も失われ、特別区の地域自治区事務所（「区役所」）は、現在の区役所と比べると機能も規模も

図表7-9　特別区の地域自治事務所」は「区役所」と言えるの？

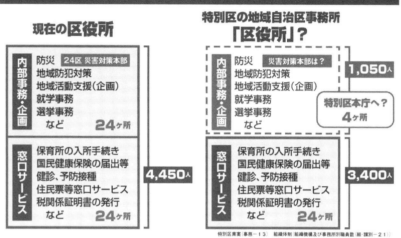

（筆者作成）※ なお、法定協議会での筆者の指摘を踏まえて協定書では防災などの事務については地域自治
区事務所の事務となったがその根拠は明らかにはなっていない。

全く異なるものになっている。

　そもそも、区役所機能が維持されると誤解している市民もおり、特別区の地域自治区事務所である「区役所」の機能・位置づけが正しく伝えられていない。さらに言えば、財政調整制度における基準財政需要額の中には「地域自治区事務所」であるいわゆる「区役所」についてのコストの項目はない。このような独自施策を維持するのであれば、明確に示しておくべきである。

8　災害対応など危機管理に大きな課題が

●災害対策本部のあり方

　現在は、大阪市と24行政区に災害対策本部を設置しているが、今後は、4特別区に災害対策本部に設置することになり、災害対応に関しての体制

が脆弱になる恐れがある。また、大阪市と24行政区とでそれぞれ策定していた地域防災計画についても、4特別区で策定する必要があるが、特別区が設置された時点で出来上がっていなければならない。特別区設置直後に南海トラフ大地震が起こる可能性だって想定しておかなかればならないからだ。そのようなことを考えると、地域防災計画案を策定し、地域の合意形成を得ることが、本当にできるのかわからない。

●合同庁舎問題

新淀川区と新天王寺区については、庁舎不足からその多くが中之島の新北区の庁舎に間借りすることになる。新淀川区と新天王寺区では、区域外に職員がいる中で危機管理の体制が迅速に取れるのかどうか極めて不安になる。

●消防、水道との連携が可能なのか

消防や水道などは市町村事務であったことから、これまでは市長の指揮命令系統の下にあり、災害発生時には緊密な連携が取られていた。しかし、都構想になると消防、水道は知事の指揮命令系統に入ることから、特別区長の指揮系統で動けなくなる。その点のリスクの検証が全くされていない。

●広域避難所の問題

広域避難所に関しては、例えば、現在、筆者の地元である東成区については、大阪城公園が広域避難所であるが、特別区移行後は新北区になることで、大阪城公園は新中央区に位置することから、区域外の避難所となる。災害時には大阪城公園に避難したとしても、そこには新北区の特別区の職員などはいないために、その後の対応で特別区民の混乱が予想される。

第8章
東京の特別区と大阪の特別区には　　　根本的な違いがある

1　自治権拡充運動と自治権放棄運動

　さて、東京と大阪都構想における特別区について、特に知っておくべき根本的な違いを次の「図表8-1」のように整理した。

　まず、東京は戦時中の昭和18年に東京市と東京府が廃止され東京都と特別区となった。公益財団法人特別区協議会「東京23区の生い立ち　ー東京大都市地域の自治史ー」（2017年）の資料によると「今後の時局に対処し、戦局を徹底的に勝ち抜く国家体制の整備」を行うために市制・町村制・府県制の改正があった中、東京都だけを対象とした「東京都制」が公布されたということである。「帝都の性格に適応する体制を確立する」ために都制へ移行したが、要は戦時中の帝都防衛のための改正であった。

　その後、1947年の地方自治法の施行に伴い、「都の区は、これを特別区という」ということで「東京都大都市地域は、一般法のなかで特別な位置づけが確定」された。ここから東京の特別区の自治権拡充に向けた戦いが始まるのである。

　昭和27年の地方自治法の第1次制度改革によって特別区は東京都の内部団体とされ、特別区の事務も10項目に制限列挙され、東京都が基礎的な

図表 8-1　東京と大阪都構想における特別区の違い

	東京	大阪
現在の動き	**自治権拡充運動** 戦後、特別区は自治権拡充のために国・都と戦い続けている	**自治権放棄運動** 政令市の権限・財源を大阪府に集中させようとしている
特別区移行主体者（責任者）	**国** 戦時中、帝都防衛のために国が実施した経過から	**市民** 議会で決めた後、住民投票で決める（大都市法は単なる手続法）
制度的な担保	**国** 制度的な課題は国で議論され、制度改革が進められてきた	**不明** 「主権者たる市民が決めたこと」と国も府も相手にしない可能性大
都（府）の財政（地方交付税）	**不交付団体**	**交付団体**
国が地方交付税制度で担保しているナショナルミニマム（財政的裏付け）	**都が保障** 不交付団体の都が国の地方交付税制度以上のものを保障。その結果、東京都が、特別区以外の市町村へも別途財政支援を実施	**不明** 交付税を調整財源に含める時点で、論理的、制度的に破綻。財政調整のための標準区の設定もない。
特別区域内の一体性の担保	**東京都**	**大阪府 一部事務組合**
国の関与	**積極的** 首都として、積極的にインフラ投資を実施	**不明** 勝手に「副首都」と言ってるだけ

（筆者作成）

自治体として扱われることになった。そして区長公選制が廃止され区長選任制となり自治権が後退した。しかし、その後も自治権拡充運動を展開し、昭和39年の地方自治法の第2次制度改革で、東京都から福祉事務所の移管などによって特別区の事務が21となり、都区協議会も設置されることになった。昭和49年の第3次制度改革では、区長公選制が復活し、特別区が実質的に自治体となったことで大きな前進があった。その後も「市」と同等な自治体をめざして自治権拡充運動が展開されてきた。平成12年の地方自治法の第4次改革において特別区は「基礎的な公共団体」とい明文化され東京都の内部団体的な特例も廃止され、復権運動の集大成が果たされたのである。これ以降、特別区の自治権拡充運動は新たな段階に入った。このような歴史を特別区はたどってきた。

　東京都の特別区は、自治権拡充を求めて長い歴史を積み重ねてきたが、今、大阪市がやろうとしていることは、この動きとは全く正反対で、大阪市が持っている自治権や財源を大阪府に移管する自治権放棄をしようとする運動であるといえる。特に大阪市は政令指定都市であることから、一般の市町村よりも多くの権限と財源を持ち高度な自治権を持っているにもかかわらず、それを放棄しようとしていることに気づいていただきたい。

2　特別区への移行の主体者と制度的な担保

　東京都の場合は、先に述べたような東京都制が敷かれ、その後、特別区の自治権拡充運動を受けて、国で議論され、地方自治法の改正という形で制度改革が進められてきた。しかし、大阪の場合はどうであろうか。大都市法は単なる手続法にすぎず、結局は大阪市民の直接民主主義である住民投票によって、市民の手によって特別区に移行するのである。よって移行の主体者は市民ということになり、もし今後、大阪における特別区制度に問題が生じたとしても、制度改正の責任を国や大阪府は持ってくれないのだ。おそらく、「主権者たる大阪市民が決めたこと」と相手にされないだろう。

そうなると東京都の特別区が自治権拡充のために費やした時間以上の時間をかけて、制度改正に向けて市民の力を結集するとともに、政治的な運動にまで発展させる必要が出てくる。そのようなことをしている間に、多くの市民は大阪市域を見棄て、市民サービスの充実した、制度的に安定した周辺の市町村へ転出してしまうのではないだろうか。

3　地方交付税に関連して

東京都と大阪府の財政的な状況については、東京都は地方交付税の不交付団体となっており財政的な基盤は確固たるものがある。しかし大阪府と大阪市は地方交付税の交付団体であることから、財政的には国への依存が強くなる。大阪市が特別区になると、特別区は国ではなく大阪府に財政的に依存することになるとともに、国が一般の市町村に保障している地方交付税制度上の基準財政需要額を大阪府が特別区に保障することは制度的にはあり得ない。その上、財政調整制度の財源の中に地方交付税を含めないと成り立たないことから、論理的には破綻している。基準財政需要額の算定根拠を示すとともに、そのための標準区を設定するなど、制度的にどの程度の保障があるのか検証しておかなければならないと、法定協議会でも何度も要望してきたが、特別区になった途端、財政的に行政運営ができなくなる可能性もある。なお、東京都の場合は、地方交付税の不交付団体であることから、国基準の基準財政需要額以上の基準を東京都独自で設定し、特別区の財政も一般市町村よりも充実している。どうしても特別区に設置するのであれば、大阪府、大阪市ともに地方交付税の不交付団体になっていることが最低必要な条件ではないだろうか。

4　特別区の地域における都市の一体性の担保について

地方自治法では、東京都が行う市町村事務については「大都市地域にお

ける行政の一体性及び統一性の確保の観点から当該区域を通じて都が一体的に処理することが必要と認められるもの」とされている。しかし、大阪都構想においては大阪府で一体的に処理する事務と、一部事務組合で共同処理する事務とが混在している。市町村事務であるが大阪府に移管できず、一部事務組合で残さなければならないのなら、結局は大阪市を廃止・分割する必要がないということにもなる。

　ところで、水道、消防のところで述べたが、これら市町村事務は地方自治法の規定に基づいて大阪府に移管される。東京都の場合、東京都がすでに特別区域以外でもこれらの事務を担っていたことから、「都が一体的に処理することが必要と認められるもの」と位置づけることに一定の合理性が認められる。しかし、大阪の場合は、水道や消防が「都が一体的に処理することが必要と認められるもの」といえるだろうか。自己決定権や自治の観点から、水道や消防については大阪府に移管すべきではない。くり返しになるが、水道と消防については一部事務組合の事務にした方が、まだ自治や自己決定権の観点から合理性があると言える。このような議論をしていてつくづく感じるが、大阪市を無理やりに廃止し、分割することは、地方自治の観点からは合理性がないと言わざるを得ない。

5　国の関与について

　東京は首都であることから、国としても積極的に関与し、インフラ整備についても積極的に進められている。新幹線も東京から放射線状に伸びており、高速道路についても同様である。しかし大阪の場合はどうかというと、勝手に「副首都」といってるだけであって、国が首都は東京、副首都は大阪と位置づけているわけではない。このことをしっかりと認識しておくべきである。

第9章 嘉悦学園による経済効果に関する報告書は問題だらけ

1 経済成長と都市制度には因果関係があるのか

経済成長と都市制度には因果関係があるのかという議論があるが、2011年に大阪府自治制度研究会がまとめた「大阪にふさわしい新たな大都市制度を目指して ～大阪再編に向けた論点整理～」の中で、「経済と大都市制度の因果関係を明確に論証するのは困難であり、大阪における運用面での特殊性に起因するところが大きいとも考える」と書かれている。

大阪府自治制度研究会は、大阪都構想をめざしていた大阪府知事からの要請に基づき、議論のたたき台となるものとして「大阪から新たな自治制度を提案すべく、大都市制度のあり方について」調査・研究を行い「最終とりまとめ」が知事に報告された。

結論は因果関係はないということなのだが、よく考えると、都市制度は、「経済」を目的とした際の「手段」の一つでしかないのだから、因果関係があるはずもない。この一文に学者・専門家のささやかな抵抗を感じる。

また、関西学院大学の林宜嗣教授が2008年に書いた「大都市圏における人口移動と都市政策」（関西学院大学経済学論研 62巻第1号9）において、市民生活や産業活動の「容れもの」としての都市と、民間経済主体の諸活

動の条件との間には、ミス・マッチが生じことが多いが、それへの対応には２つのルートが存在すると指摘している。ルート１は「容れもの」自体を民間活動にふさわしいものに作り直すことで、都市再開発、社会資本の整備、制度の変更などがこれに該当する。しかし市場のメカニズムの変化に政治のメカニズムが追いつかないとの指摘から、制度論よりも政策の必要性を唱えておられる。大阪都構想でも気がつけば10年も議論が継続され、気づいたら社会の構造も大きく変わっており、特に今はアフターコロナ、ウイズコロナ の社会の中での経済を考えていかなければならないのに、そのスピードには追いついていない。林教授の指摘通りではないか。

　ルート２は、民間経済主体がよりふさわしい新しい「容れもの」を求めて移動することである。大阪のように制度論ばかりに時間を費やしていたら、気がついたら企業などの経済の主体はこの大阪から出ていってしまう可能性があるのではないだろうか。

2　嘉悦報告書の根本的な問題

　大阪都構想の経済効果については、大阪市が「大都市制度（総合区設置及び特別区設置）の経済効果に関する調査検討業務」を嘉悦学園に委託し算出させた。その効果額については多くの問題点を含んでいるが、おそらく賛成派はこの数字を使って「大阪都構想の効果額だ！」と大々的に宣伝しているため、その問題点を指摘しておきたい。

　なお、詳しくは2019年8月26日の第25回法定協議会において筆者が提出した「『大都市制度（総合区設置及び特別区設置）の経済効果に関する調査検討業務委託 報告書』（学校法人嘉悦学園）に関して」に記述しているのでご参照いただきたい。

●嘉悦報告書における経済効果額の算定の流れ
「大都市制度（総合区設置及び特別区設置）の経済効果に関する調査結果（概

要）」によると、「特別区設置が与える経済効果について、政策効果分析とマクロ計量経済モデルという 2 つのアプローチで試算を行い、大都市制度改革による定量的な効果を明らかにした」ということである。

「政策効果分析による結果」においては、「基礎自治体（特別区）の財政効率化効果」を算定されているが、この財政効率化効果額が発現するかは大いに疑問がある。2 つ目のアプローチであるマクロ計量経済モデルについては、「基礎自治体（特別区）の財政効率化効果」を新たな投資として投入することで現れる経済効果であるが、そもそも投入する「基礎自治体（特別区）の財政効率化効果」の発現が疑わしい以上、結局は嘉悦報告書における経済効果額については第三者による検証を行うべきであると考えている。

●財政効率性を人口規模だけで計るあさはかさ

報告書の財政効率化効果額は、特別区素案に基づいて特別区が実現した場合の経済効果について分析したものになってはいない。単純に人口規模と、大阪市を含めた全国市町村の単年度歳出額をモデル化した数式に基づいた分析にすぎない。そのモデルでは人口と一人当たり歳出額の関係が理論上、「図表 9-1」のような U 字カーブの関係になるというものである。

ちなみに、特別区素案に示された行政サービスの質や職員体制（24 地域自治区事務所の設置など）、特別区設置に伴うコスト等については、全く考慮されていない。調査検討業務委託仕様書においては、特別区素案をもとに、制度導入による大阪の経済効果を定量的に推計・整理することとなっていたが、仕様書が求められている内容になっていないことをまず指摘しておく。

さて、報告書における財政効率化効果額の算定にあたって、大阪市の歳出額（実績）と、総務省『全国市町村決算状況調』を基に算定した人口と一人当たり歳出額の関係である U 字カーブから、人口 70 万人規模の都市の理論上の歳出額（理論値）を算出し、大阪市の歳出額との差額から「財政効率化効果額」を算出するものとなっている（なお、その数式に値の算定にあ

たっては、人口規模以外に素案に記載された要素は一切考慮されていないため、特別区素案をもとにした制度導入による経済効果としては意味をなさない）。

　報告書の算定方法によれば、理論上は全国のあらゆる自治体において、人口規模さえ変えれば財政効率化効果額が算定され得ることとなることから特別区設置による効果とはどう考えても言えない（単に自治体規模と歳出規模との関連性を論じたに過ぎない）。

図表 9-1　Ｕ字カーブによる効果額算定は正しいのか？

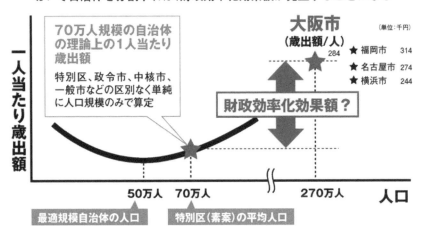

第 25 回法定協議会において筆者が提示した資料

●都市化が財政需要を押し上げることを理解できていない

　報告書では、人口と（１人当たり）歳出の関係を図にするとＵ字の関係になることを示した先行研究として中井英雄（1988）『現代財政負担の数量分析』（有斐閣）を挙げている。報告書（P42 － 43）では、人口と歳出のＵ字の関係から、１人当たり歳出額が最低になる人口規模（Ｕ字の底）に向けて

大阪市を分割することで費用が効率化（＝財政効率化効果）できるとしている。しかし中井研究では「図表9-2」のように、U字カーブの右側部分（逓増部分）は、「都市化の程度による行政の質及び量または行政権能の差を考慮した普通態様補正が逓増要因」として、都市化の進展に伴う都市特有の経費、例えば道路の維持管理、ごみ処理などの行政需要が増大し、法令に基づく行政権限の拡大する部分がU字カーブの逓増要因となっている。

　この理論を前提とすれば、大阪市を4つに分割したからといってこれら「都市化の進展に伴う都市特有の経費」が効率化されるのではなく、特別区となって行政権限が縮小することで、ただ単に財源ごと大阪府に移管されるだけであるので、報告書のように大阪市を分割することによる財政効率化があるとは言えない。

図表9-2　大阪市分割でU字カーブに基づく効果は生じない！

大阪市分割でU字カーブに基づく効果は生じない！

一人当たり歳出額

規模の経済性

都市化の効果

＜中井文献（1988）＞
都市化の効果

都市化による道路の維持管理、ゴミ処理などの行政需要の増大、物価の高騰、法令に基づく行政権限の拡大

大阪市を分割しても都市化は変わらず、財政効率化効果は生じない。

50万人　　人口

最適規模自治体の人口

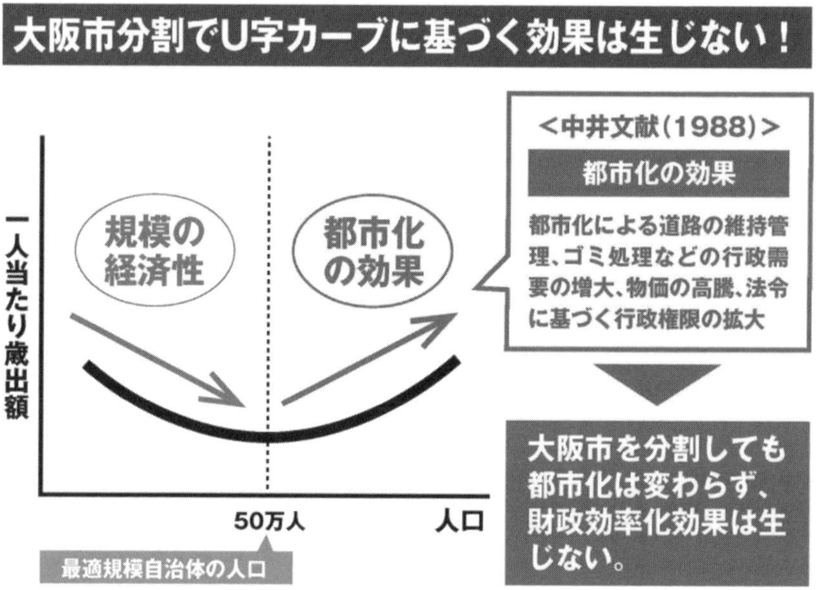

第25回法定協議会において筆者が提示した資料

●財政効率化効果 1,000 億円の算出は非現実的

　財政効率化効果 1,000 億円について、もし発現するのなら、具体的に大阪市の歳出のどこを削ることができるのかという視点から見ていく。

　「図表 9-3」は、大阪市の平成 30 年度歳出予算 1 兆 7,771 億円の内訳である。扶助費、公債費、投資的経費、人件費など、特別区においても削減できない歳出であるし、行政施策経費については、住民サービスの維持を前提にしていることから削減はできないし、特別区設置に伴う庁舎等の初期コストや毎年の運営費を考慮すると削減は現実的に困難である。現行の住民サービスを維持しながら、毎年 1,000 億円もの財政効率化効果額を生み出せる現実的な可能性がない。人件費についても、特別区設置には 330名の増員が必要となっていることからこの経費についても現実的には困難

図表 9-3　1,000 億円 / 年の財政効率化は非現実的！？

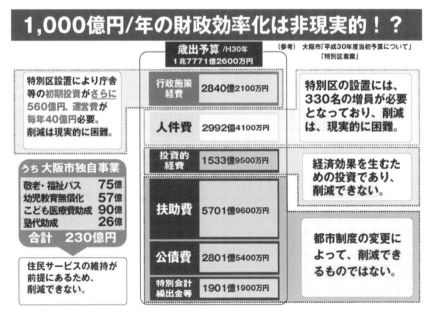

第 25 回法定協議会において筆者が提示した資料

である。投資的経費については、経済効果を生むための投資に当たることから削減はできない。

　以上のような課題のみならず、嘉悦報告書については多くの訂正箇所があった。その都度、職員の力で検証できないのなら第三者に検証をしてもらうべきとの要請をしたが行政側は何ら対応を取ることがなかった。この点も含めて、この嘉悦報告書については今後、住民説明での説明の対象から外すべきである。

【まとめにかえて】

提言：アフターコロナを見据えた
「新しい大阪の道、関西の道」

　アフターコロナを見据えると共に、大阪都構想から大阪市を守ることができたなら、次のようなことを踏まえて「新しい大阪の道、関西の道」を考えなければなりません。それは大阪都構想ではなく、道州制を見据えたものになるのではないでしょうか。

1　税収が大きく落ち込む時代に

●コロナ後、地方財政は厳しくなる。「新しい道」を歩むために大阪都構想は断念すべき。

　コロナの影響により税収が減ったとしても、国の地方交付税があるから地方税収に影響がないという方がおられます。本当にそうなのかどうか、2008年のリーマンショックの後の地方財政の動向を見ることにします。「図表まとめ -1」は、財務省の税制制度等審議会の財政制度分科会（2019年11月6日）の参考資料「地方財政」からの抜粋です。

　この図をみると、リーマンショック後の2009年には、前年度比で地方税収は3.6兆円減少したが、地方交付税交付金は1兆円しか増加していま

せん。2010 年には、地方税収は前年度比で 3.2 兆円減少したが、地方交付税交付金は 0.9 兆円しか増加していません。

図表まとめ -1　地方税収・地方交付税交付金等の推移（地方財政計画ベース）

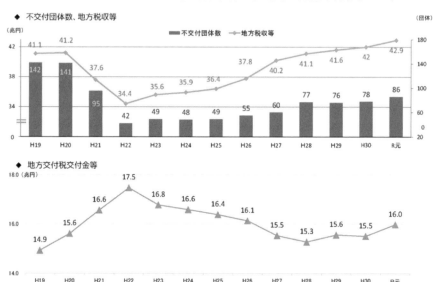

財務省・税制制度等審議会の財政制度分科会（2019 年 11 月 6 日）の参考資料「地方財政」からの抜粋

今後、コロナ禍によって経済はリーマンショック以上の打撃を受け、大幅な税収の落ち込みが予想されますが、地方交付税がその落ち込み分を全てカバーできるとは考えられません。大阪都構想が実現すると 2025 年 1 月 1 日から特別区に移行しますが、ただでさえ特別区の財政状況は厳しい中、コロナの影響を考えると特別区へ移行した途端に「茨の道」になります。そうなったら、もう大阪は終わりです。まず大阪都構想は今すぐ断念すべきです。そしてアフターコロナの社会を前提とした、大阪府と大阪市の政策の大転換を図るべきです。

●大阪府と大阪市の役割は大きく変わる！〜リスク分散と機能分化〜

大阪府と大阪市が連携しながら、インバウンドを大阪の成長戦略の重点として、観光施策や万博、ＩＲなどをメインにした事業に、これからも積極的な投資を進めていく。この計画については見直す必要があります。アフターコロナを見据えた場合、大阪市が大阪府と一緒になって広域的な事業への投資を行うことは、リスクマネジメントの考え方からは避けるべきです。

インバウンドが今後どうなるか見通しが立たない中、大阪府と大阪市とは、大阪全体を考えた場合にはリスクを分散すべきです。特に特別区制度は、特別区が大阪府に財政的に依存してしまうことになります。大阪府が倒れると特別区も倒れてしまいます。この点からも大阪都構想は断念すべきです。

アフターコロナの社会を考えると、これまでのような大阪府や大阪市のままではいられません。大阪都構想を断念し、思い切って成長戦略を大阪府に任せて、大阪市は広域的な事業ではなく、大阪市内の経済と市民生活の底支えのための社会政策に全力を注いでいくために機能分化を考えるべきです。

2　価値観の転換が起こるだろう

●価値観がどう変わるのか

アフターコロナの社会では大きく価値観の変容が起きると思います。バブル経済が崩壊した時、阪神淡路大震災、東日本大震災などが起こった時には大きく価値観が変わったのではないでしょうか。仕事や家族に対する考え方、人生の意味など多くの人が考えたと思います。

グローバル経済、新自由主義経済、経済の成長を前提とした社会などは、今回のコロナ禍を踏まえると大きな価値観の転換を迫られる。世界の中で

生産コストなど最適生産地はどこかということや、投資効果や金融的な視点から効率性や合理性を追い求めた社会も終わるでしょう。

　矢作弘『縮小都市の挑戦』（岩波新書）にも書かれていましたが、成長・発展の社会から、極端にいうと成熟・縮小の社会に入る可能性が高くなってきています。都市間競争の社会から都市間連携の社会になり、弱肉強食よりも協働を目指し、格差の拡大は許さず適正な再分配を求め、合成の誤謬を当たり前と思わず調整や分担を進めていき、環境問題や医療問題をはじめとした経済合理性とは真逆にあるものを大事にするような、そういう社会が成立するように価値観の転換が起こるはずです。

　ところで、成熟・縮小という言葉を発すると、「成長しないくて良いのか」とよく非難されますが、成熟・縮小の社会の中で、そのままにしておたら確実に都市が縮小しますが、「定常化」を目指して、すなわち安定の中に幸福を求めるために、縮小する部分と成長する部分が一定となるような成長戦略はとり続ける必要があると考えていますので、成長戦略を否定するものではないことは理解してください。

3　これからの時代の行政のあり方とは　〜道州制を前提に〜

●府県制度にも限界がきた！
　大阪での地方自治に関する議論は、大都市制度論に矮小化されています。今回のコロナ禍での都道府県の状況を見ていると、コロナウィルス感染症の拡大防止策を実施するにも、都道府県の県境を越えた人の移動によって、特に首都圏や関西圏においては7月から感染者数の増加が著しく、人の移動も含めて府県を超えた広域的な取り組みが必要になったことは誰の目から見ても明らかです。

　また、例えば南海トラフ地震に向けた国への要望も、関連する自治体で連携をとりながら進めていますが、要望だけではなく、関西圏おいてのハード面のみならずソフト面での連携も強化しておくべきです。

その他、大阪都構想の議論にもあったような港湾、高速道路、鉄道などの交通インフラの整備についても、大阪府、大阪市での議論に終始するのではなく、やはり関西圏で大きな方向性を定めて具体的な施策の調整を進めることこそが必要ではないでしょうか。

●東京ではすでに関東圏で首都機能のバックアップや機能分散を進めている。まずは関西圏における大阪の都市機能のバックアップを考えるべき。
　東京の大都市圏においては、首都圏直下型地震を想定し、「図表まとめ-2」のように首都圏における業務地域の分散化を図るとしています。また、首都機能の分散に向けて首都圏の道路網についても放射線状に道路を整備するとともに、環状道路の整備も積極的に進められてきました。首都機能

図表まとめ-2　八方向作戦の道路啓開候補路線及び集結拠点（直轄国道）

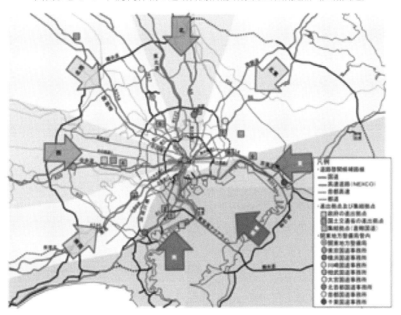

首都直下型地震道路啓開計画検討会「首都直下型地震道路啓開計画」（平成28年6月）より抜粋

図表まとめ -3　首都直下地震に備えた "八方向作戦" による道路啓開

首都直下型地震道路啓開計画検討会「首都直下型地震道路啓開計画」
（平成 28 年 6 月）より抜粋

の分散化を首都圏の中で行うとともに、もし首都直下型地震が発生し都心
において甚大な被害が発生した際には、「八方向作戦」によって人命救助や
都市機能の復旧復興に全力であたる体制構築が進められてきています（「図
表まとめ -3」参照）。決して大阪が首都の代替機能を果たすような状況には
ありません。

　大阪としても、30 年以内に 80％以上の確率で発生が予想されている南
海トラフ地震に備えた危機管理という視点から、大阪・京都・神戸の 3 大
都市を中心とした都市圏をしっかりと築きながら、関西圏の中で各都市間
の都市機能のバックアップ体制をどのようにとるのか、災害発生時にはど
のように人命救助と復旧・復興を迅速に行うのかを、広域的な視点から検
討しておくことが必要です。

　このような視点から、大阪府や兵庫県などの府県の県境を超えて関西広
域連合の強化や将来の道州制を見据えていくべきです。これが経済を含め
て安定した社会の実現につながります。

100

●道州制を見据えて、まずやれることは何か。

　道州制を見据えた場合、大阪府と大阪市が持ってる広域的機能といえば、港湾、大学、工業系地方研究所、地方衛生研究所などですが、これらはすでに府市の統合が進んでいます。思い切って大阪市としては当該の事務事業を全て大阪府に移管すると共に、広域的なインフラ整備に関する都市計画なども大阪府に任せていくなどの「機能分化」を進めていくべきです。

（港湾・空港・高速道路）

　港湾・空港・高速道路に関しては、これらは物流機能として経済の基盤支えていくものですので、2011年に関西経済連合会が提言していた「関西版ポート・オーソリティ構想」が大変参考になります。当時の資料「関西版ポート・オーソリティ構想2020年に目指すべき姿についての提言」では、「グローバル化で国家間競争は地域間・都市間競争へ変化したが、民間ノウハウや地域の自主性が生かせておらず、個々の広域交通・物流基盤の『戦略なき分散化』が関西全体の最適化につながっていないことが問題視された。そのために、広域交通・物流基盤の一体的運営が必要という認識を共有した。」と、経済成長や地域間・都市間競争を前提に書かれていましたが、アフターコロナの社会を前提にすると、税収が大きく減少している中で税の最適な配分がも求められるので、「戦略なき分散化」でななく関西全体の最適化による安定を目指して進めなければなりません。

（大学）

　大学については、今、森ノ宮地域での都心型キャンパス整備のために1,000億円もの巨額の投資を行う計画がありますが、思い切って見直すべきで、その資金を関西圏の企業との産官学連携をさらに強化し、将来の技術立国を関西から目指すための研究開発への投資にシフトさせるべきでしょう。将来道州制を実現した際には、大阪府立大学・大阪市立大学が州立大学となり関西州の知の集積地になっていくべきです。

（病院）

　病院については、今回のコロナウィルス感染症対策によってコロナ患者を受け入れた病院の経営が成り立たなくなったり、病院での感染を恐れて患者が減り、一般の病院でも患者が減るなど、医療に関する問題が顕在化し、病院の経営問題への関心が高まりました。やはり危機管理の面から、医療については公共的な社会資本であるとの認識を多くの市民が持っています。市町村レベルの単位ではなく、医療圏の病床計画などの広域的な機能を担っている大阪府が病院事業の責任を持つべきだと思います。

●大阪市は基礎自治的な社会政策に特化を

　これまで、大阪市では、政令指定都市としての豊かな財源と多くの権限を持つ中で、その時その時の社会情勢に合わせて、インフラ整備などの広域的な政策に重点を置くのか、住民生活に寄り添った基礎自治的な政策を優先すべきかなどを判断してきました。

　アフターコロナの社会では、先ほど述べたように大阪府との機能分化を図り、大阪市としては基礎自治的な政策を優先させていくべきです。大阪市は社会政策に特化していくべきです。

　基礎自治的な政策ということで、福祉的な政策に重きをおくことになるでしょう。経済が落ち込み大きく低迷する中で、格差や貧困、生活保護などの社会的弱者を支える社会政策に相当の力を入れることになります。また広域的な政策、成長戦略としての経済政策の対象にはならないであろう中小零細企業への支援、高齢者や子供の貧困問題、児童虐待の問題などに対応する役割も大きくなります。さらには一人一人の市民に寄り添いながら、危機管理対応や、教育政策などを進めていくことに重点を置かざるを得なくなります。

　このことができるのは、この本をここまで読んでこられた方なら、特別区ではなく大阪市であるということがわかっていただけるはずです。

●民主主義は対立で解決するのではなく、議論の積み重ねで解決を。

　最後に、大都市制度と経済成長との間には因果関係はありません。因果関係ではなく、経済成長という目的を実現するための、いくつかの手段のうちの一つに大都市制度があるに過ぎません。手段ですので、その手段を実行したら必ず目的が達成されるというものでもありません。手段は往々にして間違える場合があります。そのことは冷静に判断するべきです。

　民主主義について、最近軽んじられている気がします。民主主義とは対立を煽るものでも、政治的な駆け引きによって力でねじ伏せるものでも、多数決で簡単に決着をつけるものでもありません。その極みが2015年の大阪都構想の住民投票です。住民投票の際には、住民の間のみならず、時には家族の中でも「対立」を生みました。民主主義とはしっかり議論を重ね、少数派の意見にも謙虚に耳を傾けて「協調」「合意形成」を図ることが本来あるべき姿ではないでしょうか。大きく価値観の転換が起きようとしています。このような時だからこそ、これまでの発想での政治的取り組みについてはいったんストップさせて、新たな大阪の道、関西の道を探すために「衆知を集める」政治・行政を目指すべきだと考えます。

【YouTube「とこまじ〜とことん真面目に大阪都構想〜」の紹介】

　大阪都構想のことをより詳しく知りたい方は、是非、川嶋広稔の YouTube 番組「とこまじ」をご覧ください。

https://www.youtube.com/channel/UCE2SotdQvmGB_iI2F_tf0Wg

川嶋広稔（かわしま・ひろとし）プロフィール

（経歴）

　1966年12月16日生まれ。近畿大学附属幼稚園、東大阪市立弥刀東小学校、東大阪市立弥刀中学校、大阪府立八尾高等学校、関西学院大学経済学部を卒業。大阪市立大学大学院（創造都市研究科修士課程）修了（都市政策修士）。

　大学卒業後、1990年松下電器産業株式会社（現・パナソニック株式会社）入社。本社（大阪・東京）にて事業立地企画の業務を担当。1996年退社後、家業（印刷業）に従事。町会長、PTA会長、青少年指導員など地域活動にも取り組み、地盤・看板・カバンがない中、2007年4月大阪市会議員選挙に立候補し初当選。現在4期目。

　大阪市会では、交通水道委員長、運営副委員長などを、自民党市議団では政調会長、副幹事長などを、自民党大阪府連では、財務委員長、総務副会長などを歴任。

（その他）

　父親の印刷所の移転に伴い、大学在学中に大阪市東成区に転居。引っ越しした当初、大阪市の道路の整備状況が良いこと、道路や公園に緑が多いこと、水道料金が安いこと、区役所が近いこと、図書館が近いこと、交通の便が良いことなど行政サービスなどが行き届いていたことに感動したことを覚えています。大阪市に生まれて育った人は、大阪市の素晴らしさが当たり前になっていて、良さに気づいておられないと思いますが、他の自治体から見ると大阪市は本当に素晴らしい街です。

大阪市会議員 川嶋広稔の
とことん真面目に大阪都構想の「真実」を語る！

2020 年 9 月 15 日　第 1 版第 1 刷発行

　著　者　　川嶋広稔
　発行人　　武内英晴
　発行所　　公人の友社
　　　　　　〒 112-0002　東京都文京区小石川 5-26-8
　　　　　　TEL 03-3811-5701　FAX 03-3811-5795
　　　　　　e-mail: info@koujinnotomo.com
　　　　　　http://koujinnotomo.com/
　印刷所　　倉敷印刷株式会社

ISBN978-4-87555-849-1

出版図書目録

- ●ご注文はお近くの書店へ

小社の本は、書店で取り寄せることができます。
- ●直接注文の場合は電話・FAX・メールでお申し込み下さい。

（送料は実費、価格は本体価格）